과학기술과
4차 산업혁명에
걸맞은
세계관 · 인간관

이 저서는 2016년도 전북대학교 연구교수 연구비 지원에 의하여 연구되었음.

과학기술과
4차 산업혁명에
걸맞은
세계관·인간관

정광수 지음

과학문화연구센터
Science Culture Research Center
SCRC

머리말

 과학(Science)과 기술(Technology)이 각각 출발점을 달리하였지만 상호 영향과 소통·융합을 통하여 "과학기술"이라는 용어가 동서양 구분 없이 사용되고 있는 것이 이제는 현실이 되었다. 그래서 본 저서의 제목도 '과학기술과 4차 산업혁명에 걸맞은 세계관·인간관'이라고 정하고 있다.

 얼마 전에 시청했던 TV 프로그램에서 인공지능에 관심이 많은 한 뇌 과학자와 동양철학자가 '기술'에 있어서는 동서양이 별로 차이가 없었지만-오히려 동양 특히 중국이 서양을 앞질렀던 시기도 있었지만-'과학'에 있어서는 서양이 앞섰고 그것이 동양에 대한 서양의 우위를 인정하지 않을 수 없는 점일 것이라고 서로 동의하고 있다. "과학"을 "지식(knowledge)-정당화된 옳은 신념-들 또는 정당화된 진리(truth)-옳은 명제-들의 체계"라고 정의 내리고, 여기서 '체계'는 기하학이 잘 보여주는 '연역 논리 체계'를 의미하고, 앎의 가장 높은 수준-다시 말해, '추상성'이 높고 그래서 '일반성'이 넓은-을 '철학적' 수준이라고 말할 때, 서양이 동양보다도 '추상성' 그리고 '논리성' 추구에 앞섰기 때문에 '과학'에 있어서도 앞섰고, 특히 우리 삶에 과학이 차지하는 비중이 막대했던 근현대에 우위를 점할 수 있었다는 것이다.

하지만 서양 우월성의 토대에 자리 잡고 있는 '합리주의'에 대한 반성을 기반한 포스트모던 사고가 자리 잡히고 있는 작금에 추상성, 일반성 못지않게 구체성, 특수성의 중요성을 인식하고 있는 지금, '기술'에 대한 많은 관심과 '과학'과 '기술'의 소통, 융합의 중요성을 인식하고 있는 지금, "과학기술"이라는 용어 사용이 시의성 있어 보인다.

우리가 가졌던 철학의 물음들 중에 가장 근원적이고 다른 물음과 관련된 이해-철학적(가치론, 즉 윤리적, 미학적), 과학적 지식, 상식적 이해-의 '바탕'이 되는 '관념', 즉 '세계관'과 '인간관'을 다루는 제1철학이라고 일컬어진 형이상학(metaphysics) 또는 존재론(ontology)의 물음은 "존재, 즉 세계란 무엇인가", "인간이란 무엇인가"였다.

그리고 이 문제에 대한 탐구는 선사시대의 벽화, 역사시대 이후 신화, 종교의 경전 등을 통해 볼 때 인류의 삶과 늘 같이해 왔던 것으로 여겨진다. 특히 철학, 즉 학문의 시대라 할 수 있는 고대 그리스 철학에서 보다 더 주요 문제로 자리 잡고 있다: 형이상학 영역을 아리스토텔레스는 '제1철학'이라고 일컬었다.

한편, 지식론적 철학 탐구가 아주 중요 과제였던 근현대, 특히 논리실증(경험)주의 철학의 전성기에 형이상학적 탐구는 별로 가치 없는 것으로 전락할 뻔도 했지만 20세기 중후반에 접어들면서 다시 그 탐구의 중요성과 가치가 인정받기 시작했다.

과학의 발전과 중요성이 아주 깊이 인식된 근현대- '세계'와 '인간'에 대한 특수한 과학 지식의 괄목할 만한 성장- 그리고 기술의 가치와 과학·기술 융복합의 의미가 인식되고 있고, 4차 산업혁명을 통해 인간과 기계의 공존이 내다보이는 작금의 "포스트모던 시대에 걸맞은 '세계관', '인간관'은 무엇일까?"라는 물음은 여전히 시의성 있는 형이상학적 물음이고 그 세계관, 인간관은 이 시대의 여러 수준, 측면에서의 이해를 위한 기본 '바탕관념'이라고 생각된다.

과학·기술이 우리 삶과 다른 문화·문명 영역에도 커다란 영향을 주고 있는 작금에 적절한 '세계관'과 '인간관'은 무엇일까? 그리고 그 세계관, 인간관은 과학·기술 그리고 우리 삶에 어떻게 영향을 주고 있는가 등이 본 저서에서 다루고자 하는 문제들이다.

우선 먼저 '과학', 즉 '학문'이 무엇인가를 살펴보고, 그것의 여러 영역 중에 '자연과학'과 '기술(학)'이 무엇이고 어떤 가치를 지니는가를 밝힐 것이다. 그리고 '철학'과 제1철학, 즉 '형이상학', '존재론'이 무엇인가를 설명할 것이다.

다음으로 '과학적 철학'(scientific philosophy)의 의미를 밝히고 그 철학의 입장에서 '세계관'과 '인간관'을 설명할 것이다. 그리고 근현대 나아가 포스트모던 시기의 그것들에 대조가 되는 '중세'의 세계관, 인간관과 대조할 것이다.

이 세계관, 인간관을 '바탕관념'으로 하는 여러 국면의 이해가 종교와 같은 다른 문화 영역과 어떻게 부조화를 이루지 않을 수 있는가를 밝혀볼 것이다. 그리고 이 형이상학적 신조가 어떻게 다른 학문, 윤리, 예술 등의 삶에 영향을 주는가도 살펴볼 것이다.

과학기술철학연구(Philosophical Studies of Science and Technology)의 한 영역인 '과학·기술'과 철학의 한 분야인 '형이상학'이 융합되어 다루어지는 주제들- '과학기술과 세계관', '과학기술과 인간관', '과학과 종교' 등- 중에 본서는 '과학기술과 세계관·인간관'을 본격적으로 다루고자 한다. 과학학과(Department of Science Studies)에서 이 주제 관련 강의 그리고 과학문화연구센터(Science Culture Research

Center)에서의 본인 연구를 토대로, 그리고 이 분야에 대한 동료들의 저서 및 논문들을 인용, 예시로 사용하면서 저술의 수준을 높여 나갈 것이다.

뇌 과학, 빅데이터, 로봇기술 등의 발달로 인간과 기계가 공존하는 세상을 바로 앞에 바라보는 작금에 첨단 과학기술이 발달하고 활용되고 있는 상황에 걸맞은 세계관, 인간관 그리고 그것들의 과학기술로의 영향에 대한 탐구는 포스트모던 시대를 사는 우리에게 너무나 필요, 당연한 탐구 주제이다. 그것을 다루는 본 저서는 과학학 관련 교육, 예를 들어, '과학기술과 인간', '과학의 철학과 문화', '과학기술의 철학적 이해' 등의 강의와 관련 연구 분야에 학술서적으로 시의적절하게 활용될 수 있을 것이고, 이 시대의 첨단 교양을 일반인들에게 소개하는 기회도 될 것으로 판단된다.

이 저서를 집필하게 된 계기는 '과학적 철학'(Scientific Philosophy)을 접하게 해주신-H. Reichenbach의 *The Rise of Scientific Philosophy*를 소개하며- 곽강제, 송현주, 김영철, 김재권, 오진곤 교수님, Prof. Hill, Nissen, Spellman, McIntosh, Garret, Bennett, Kachi 등과 학과 및 과학학 동료 교수, 학생들이 만들어 주었으며 그들의 가르침에 힘입은 바가 크다. 특히 그들의 값진 글을 '예시'로 사용을 허락해 준 천현득, 김효은, 이강원 교수들께 깊은 감사를 표한다.

2016년 9월 28일 집필을 시작하며
정광수

❏ Contents

과학(Science)이란 무엇인가

가. "과학"의 의미

"과학"(科學)이라는 낱말은 메이지초기 일본에서 영어의 "science"에 대한 번역어로서 등장하였고, 우리나라와 중국에서도 사용하고 있다. 그렇다면 "science"란 무엇을 의미하는가? 먼저 그것의 어원을 살펴보면, 라틴어의 "scientia", 즉 "알 수 있는"(sciens)의 추상명사에서 유래하고 있으며, 이 점에서 그리스어의 "知"(sophia)에 바탕을 둔 "철학"(philosophia)과 깊은 관계 속에 있다. 실제로 오늘날 자연과학(natural science)이라고 부르는 것을 19세기 초반까지는 자연철학(natural philosophy)이라고 부른 사실이 이를 잘 나타내 주고 있다.

"science"의 어원이 앎, 즉 지식(knowledge)과 연관되어 있다는 사실로부터 "과학"에 대한 일반적 정의 "과학이란 지식들의 체계이다"를 이해할 수 있겠다. 여기서 지식이란 몇몇 특징을 갖는 '신념'(belief)이다. 그리고 신념이란 무엇이 어떠하다는 것에 대한 믿음의 상태이고, 신념의 내용, 즉 무엇이 어떠하다는 것을 명제(proposition)라고 한다. 어떤 사람 s가 '1 더하기 1은 2다' 또는 '지구는 둥글다'고 믿을 때 그 신념들의 내용, 즉 '1 더하기 1은 2다' 또는 '지구는 둥글다'가 명제들이다. s의 신념들이란 명제들에 대한 믿음의 상태들이다.

어떤 신념이 지식이 되려면, 우선 먼저 그 신념의 내용, 즉 명제가 옳아야 한다. s가 1 더하기 1은 1이라고 믿을 수는 있지만 1 더하기 1은 1이라고 알 수는 없다. 예를 들어, 1 더하기 1은 무엇이냐는 산수 문제에 어떤 어린이가 1이라고 답했다면, "그가 1 더하기 1은 1이라고 믿고 있다"고 말할 수 있지만, 그는 1 더하기 1이 무엇인지 모르고 있다. 즉, 알고 있지 않다. 지식의 이 조건을 명제의 '진리성(truth) 조건'이라고 부른다. 그런데 어떤 신념의 내용이 옳기만 하면 그 신념은 지식인가? 예들 들어, 어떤 고대인 a가 우연히 지구가 둥글다는 신념을 가졌었다고 가정해 보자. a의 신념 내용, 즉 지구가 둥글다는 것이 옳다 할지라도, 우리는 "a가 지구가 둥글다는 것을 알고 있었다"고 말하지 않는다. 왜냐하면 a가 그의 신념의 내용, 즉 지구가 둥글다는 것이 옳다는 것에 대한 훌륭한 증거를 가지고 있지 않았기 때문이다. 다시 말해서, a의 신념이 지식이 되기 위해서는 그의 신념이 훌륭한 증거에 의해서 정당화되어야만 한다. 지식의 이 조건을 '정당화(justification) 조건' 또는 '증거(evidence) 조건'이라고 부른다.

결론적으로 지식이란 (최소한) 정당화된 옳은 신념이다. 그런데 신념이란 무엇이 어떠하다는 것에 대한 믿음의 상태, 즉 주관적인 것이므로 "과학"에 대한 "지식들의 체계 또는 체계화된 지식"이라는 정의는 "과학"(또는 학문)에 대한 주관적 정의라고 할 수 있다. 어떤 사람이 "s가 학문이 높다"고 말한다면, s는 깊고 넓은 체계화된 지식들을 가지고 있다는 것을 의미한다. 여기서 "학문"은 "과학"(또는 학문)에 대한 주관적 정의를 취하고 있다.

그러나 일반적으로 과학(science)은 정당화된 옳은 신념들의 체계를 의미하기보다는 오히려 그러한 신념들의 내용들의 체계를 의미한다. 즉, "과학"(science)에 대한 객관적 정의 "정당화된 옳은 명제들의 체계"가 일반적으로 사용되고 있다. 그리고 옳은 명제를 우리는 진리(truth)라고 부른다. 예를 들면, "a는 a다", "1 더하기 1은 2다", "자석은 쇠붙이를 끌어당긴다", "단풍잎은 가을에 빨갛게 물든다", "지구는 둥글다" 등등이다. 따라서 과학의 의미를 밝히는 일은 "과학"의 일반적 정의 "정당화된 옳은 명제(진리)들의 체계"를 명료하게 분석하는 일이다. 여기서 명제가 옳다는 것은 무엇을 의미하는가, 그리고 옳은 명제들을 어떻게 체계화하는가를 이해하는 일이다.

우리가 "지구가 둥글다"는 명제가 "옳다"고 말할 때, 이 명제의 "옳음"(진리성, truth)은 이 명제가 이 세상에 존재하는 '지구가 둥글다'는 사실(fact)과 대응(correspondence)함을 의미한다. 그러나 "지구가 편평하다"는 고대인이 믿었던 명제는 그르다. 왜냐하면 이 명제에 대응하는 사실이 이 세상에 존재하지 않기 때문이다. 이처럼 어떤 명제가 옳다는 것이 그 명제가 이 세상의 사실과 대응함을 의미한다고 보는 견해를 진리성(truth)에 대한 '대응설'이라고 부른다.

물론 "옳다"는 단어는 앞의 의미로만 사용하는 것은 아니다. 예를 들어, "1 더하기 1은 2다"는 명제가 "옳다"고 말할 때, 우리는 이 명제에 대응하는 사실, 즉 물리적 사태가 이 세상에 존재한다는 것을 의미하는 것이 아니라, 이 명제가 산술학 체계와 정합(coherence)한다. 즉, 산술학의 기초를 이루는 기초개념, 공리, 규칙들로부터 이끌어 내진다는 것을 의미한다. 어떤 명제의 옳음이 어떤 개념체계와 그 명제의 정합성이라고 보는 견해를 진리성에 대한 '정합설'이라고 부른다. 일반적으로 수학과 논리학의 진리는 정합설에서 주장하는 의미로 옳은 명제인 반면에, 자연과학의 진리는 대응설에서 주장하는 의미로 옳은 명제이다.

그런데 과학이란 옳은 명제들을 어떻게 체계화한 것일까? 사람들은 옳은 명제들을 가지고 연역체계를 구성하는 것을 이상으로 삼아왔다. 가장 모범적인 과학은 옳은 명제들의 연역체계이다. 연역체계가 어떠한 것인가를 이해하기 위하여 플라톤이 아테네 사람들에게 그것을 모르는 자는 자기가 세운 학교 아카데미아에 들어오지 말라고 외칠 만큼 학문의 모범으로 삼았던 '유클리드 기하학'을 살펴보자.

\<유클리드(Euclid)\>

유클리드는 우선 "부분", "길이", "넓이"와 같은 '무정의 용어'들을 가지고 기하학을 전개하는 데 많이 사용되는 "점", "선" 등과 같은 용어들을 '정의'한다. 정의 1은 "점이란 부분이 없는 것이다"이고, 정의 2는 "선이란 넓이가 없는 길이이다"이다. 그리고 정의된 용어들과 다른 무정의 용어들을 가지고 새로운 용어들을 다시 정의한다. 예를 들면, 정의 4는 "직선은 …… 두 점 사이에 있는 곧은 …… 선이다"라고 되어 있다.

또한 유클리드는 그 체계 안에서는 증명되지 않는 명제들, 즉 '공리'와 '공준'을 도입한다. 그다음에 이 정의, 공리 그리고 공준들로부터 '정리'들을 단계적으로 '연역'해 낸다. 결과적으로 기하학 명제들의 이러한 체계는 큰 연역 논증인 셈이다. 따라서 우리는 이 체계를 '연역체계'라고 부른다.

뉴턴 물리학 역시 이러한 연역체계이다. 뉴턴은 물리학의 기초 개념들, 즉 "질량", "힘", "속도", "가속도" 등을 명확하게 정의한다. 그리고 아주 일반적인 물리학적 진리들, 즉 질량불변의 법칙, 에너지 보존의 법칙, 중력법칙, 관성법칙, 작용·반작용법칙 등을 공리로 도입한다. 그다음에 여러 다른 물리학적 진리들, 즉 갈릴레이법칙, 케플러법칙 등을 정리로 연역해 낸다. 뉴턴은 자신의 물리학을 기하학과 같은 수학의 체계처럼 연역체계로 구성하였다. 그래서 그는 그의 물리학을 정리한 것을 *Philosopiae Naturalis Principia Mathematica*(자연철학의 <u>수학적</u> 원리)라고 발표하였다. 결론적으로, 과학(science, 학문)이란 정당화된 옳은 명제, 즉 진리들의 체계이며, 우리는 그 옳은 명제들을 가지고 연역체계를 구성하는 것을 이상으로 삼는다.

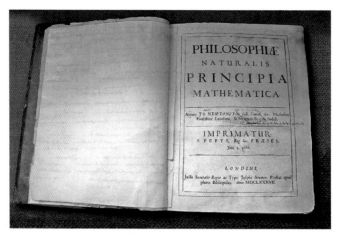

<자연철학의 수학적 원리>

　그런데 "science"를 일본에서 "科學", 즉 "科로 나누어진 學문"으로
번역한 이유는 이 번역어가 만들어질 때인 19세기 후반 유럽의 학문
상황 때문이다. 이때 유럽에서는 여러 개별 학문영역들, 즉 오늘날
대학 학과의 고전적인 학문영역들(수학, 물리학, 화학, 생물학, 사회
학, 정치학, 경제학, 심리학, 철학, 역사학 등등)이 독자적인 대상, 독
자적인 방법론 등을 가지고 독립 전문화하는 경향을 현저히 보이고
있었다. "科學"은 넓게는 이러한 개별 학문영역들 모두를 가리킨다.
　그러나 일반적으로 현재는 "科學"(science)이란 여러 학문영역 중
에서 '자연과학'을 가리키는 것으로 사용되는 것이 보통이며, "과학
적"(scientific)이란 형용사의 경우에는 특히 "자연과학적"이란 형용
사와 동의어로만 사용된다고 보아도 좋다. 자연과학이란 물리학, 화
학, 생물학, 지질학, 천문학 등과 같은 자연에 관한 옳은 명제들의
체계인데, 그 명제들은 관찰보고로부터 이 관찰명제들을 설명하는

법칙 그리고 고도로 추상적인 이론까지를 포함한다.

그런데 때로는 "과학"이란 과학적 관찰과 이해라는 목표를 추구하고 있는 '과학자의 제반 행위들' 전부를 가리키는 것으로 사용되기도 한다.

나. 과학의 분류

"과학"(science)은 오늘날 그리고 좁게는 '자연과학'을 가리키는 것으로 사용된다는 것을 앞에서 살펴보았다. 그러나 "과학"은 가장 넓게는 "학문"과 동의어로 사용된다. 이 책에서 대부분 "과학"은 자연과학을 가리키지만, 이 자연과학이 학문의 일부이고 학문이라는 큰 구조 속에 어디를 차지하고 있는가를 이해하기 위하여 학문이 어떻게 분류되는가를 알아보고자 한다.

첫째로, 학문들은 일반성을 기준으로 '철학'(philosophy)과 '특수학문'(particular science)으로 나누어진다. 철학이란 "인간·세계·인간의 행위들에 관한 가장 고도로 일반적인 신념들에 대한 비판적 반성 결과들의 체계"라고 정의된다. 철학의 주제가 자연, 인간 그리고 사회 전반에 걸친 일반적 주제라면, 물리학, 역사학 그리고 사회학과 같은 특수학문들은 이것들의 어떤 부분을 주제로 삼는다. 그리고 철학, 물리학, 역사학, 사회학 등 어떤 학문이든지 최종 학위를 영어로 Ph.D, 즉 Doctor of Philosophy(in x)라고 부르는 것은 이 학위를 받는 사람들이 가장 일반적 수준, 즉 철학적 수준에서 해당 학문을 할 수 있는 최소한의 자격을 갖추었다는 것을 뜻하기 때문이다.

둘째로, 학문의 주제는 가장 근원적으로 형식적 주제와 경험적 주제로 나누어지고, 형식적 주제를 다루는 학문들을 '형식과학'(formal science) 그리고 경험적 주제를 다루는 학문들을 '경험과학'(empirical science)이라고 부른다. 형식과학에는 논리학, (순수)수학 등이 속하는데, "a는 a다"라는 논리학의 명제 또는 "1 더하기 1은 2다"라는 수학의 명제들은 순전히 사고의 형식에 관한 명제들이다. 이러한 옳은 명제들을 체계화시켜 놓은 것이 형식과학이다.

반면에 경험과학은 우리가 이 세계 속에서 경험하게 되는 사물과 사실에 관한 옳은 명제들, 즉 경험적 진리들의 체계이다. 논리학, 수학, 통계학, 전산학 등과 같은 소수의 학문분야들을 제외한 대학에서의 대부분의 학문분야들이 경험과학에 속한다.

셋째로, 경험적 주제는 크게 인간, 사회, 자연에 관한 주제들로 나누어진다. 그래서 경험과학은 '인문(과)학'(humanities), '사회과학'(social science) 그리고 '자연과학'(natural science)으로 나누어진다. 인문과학이란 값어치 있는 인생과 문화적 주제들에 관한 진리 탐구를 목표로 삼는 학문영역으로 언어학, 어문학, 역사학, 윤리학, 문화인류학 등이 여기에 속한다. 사회과학이란 사람들의 여러 사회적 행위들에 관한 진리 탐구를 목표로 삼는 학문영역인데 사회학, 지리학, 정치학, 경제학, 심리학, 법학, 행정학, 경영학, 교육학, 가정학 등이 속한다. 자연과학이란 자연의 물리적, 화학적 그리고 생명현상 등에 관한 진리 탐구를 목표로 삼는데 물리학, 화학, 생물학, 지질학, 천문학, 분자생물학, 공학, 농학, 의학, 약학 등이 속한다.

'과학학'(science studies)은 자연과학과 인문·사회과학의 간학문적(間學問的, interdisciplinary) 성격을 지닌 학문분야인데, 형식과학인 수학이 인문·사회과학보다 자연과학적 탐구에서 널리 사용되는 실질적 이유 때문에 수학과가 자연과학대학에 속해 있듯이, 과학학의 대상이 과학, 즉 자연과학이기 때문에 과학학과가 자연과학대학에 속해 있다.

<과학학 개론>

넷째로, 학문을 연구하는 사람들의 동기나 목적의 종류에 따라 '순수학문'(pure science)과 '실용학문'(practical science)으로 나누어진다. 순수학문이란 우리의 순수한 지적 욕구를 충족시켜 주는 학문들이다. 예를 들어, 철학, 수학, 역사학, 사회학, 물리학, 생물학 등등이다. 반면에 실용학문이란 우리가 살아가면서 부닥치는 실질적인 문제들을 해결하기 위한 진리들의 체계인데 전산학, 법학, 경영학, 도서관학, 공학, 의학 등등이다.

다섯째로, 학문들의 논리적 순서에 따라 '기초학문'(basic science)과 '응용학문'(applied science)으로 나누어진다. 어떤 학문이 성립하기 위하여 먼저 확립되어 있어야만 하는 학문을 논리적으로 앞서는 학문이라 한다. 예를 들어, 기계공학이 성립하기 위하여 수학, 물리학 등이 논리적으로 앞서는 학문이다. 논리적으로 무엇보다도 앞서는 철학, 논리학, 수학, 역사학, 사회학, 물리학 등의 순수학문 전반을 일반적으로 기초학문이라고 부른다. 그리고 이 기초학문을 이용하는 학문분야, 즉 법학, 경영학, 가정학, 공학, 의학 등의 실용학문 전반을 응용학문이라고 부른다.

여섯째로, 암 연구의 경우에서처럼 어떤 한 주제에 관하여 여러 학문들이 협동으로 연구하는 경우에 그 참여 학문들의 역할에 따라 '기본학문'(main science)과 '보조학문'(auxiliary science)으로 나누어지기도 한다. 암 연구의 경우에는 생물학이 기본학문이 되고, 심리학, 전기공학 등까지의 여러 학문들이 보조학문으로서 협조하고 있다.

마지막으로, 과학자들의 행위의 종류에 따라 '이론과학'(theoretical science)과 '실험과학'(experimental science)으로 나누어지기도 한다. 과학자의 행위는 크게 이론화작업(theorizing)과 실험작업(experimentation)으로 나누어진다. 이론화작업이란 가설을 만들거나 관찰명제들과 법칙·이론들을 논리적으로 체계화하는 일이고, 실험작업이란 자연의 상수를 발견하거나, 거친 추측을 가설로 만들거나, 가설을 입증 또는 반증하기 위하여 관찰, 실험하는 일이다. 이론화작업 행위 전반을 이론과학이라 부르고, 실험작업 행위 전반을 실험과학이라 부른다.

그런데 오늘날은 기초학문과 응용학문 사이의 엄격한 벽이 허물어지고 서로 간에 복합적, 융합적 결합으로 생겨난 새로운 학문 분야들이 많이 등장하였다는 것도 엄연한 사실이다. 그리고 순수학문과 실용학문 사이의 소통과 상호 보완적 성격에 대한 이해도 이제 상식이 되어 가고 있다. 이런 추세 속에서 "과학"과 "기술"이 서로 다른 정체성과 역사를 지니고 있음에도 불구하고 "과학기술"이 이제 보편적으로 사용되고 있다.

다. 과학 · 기술의 가치[1]

대학을 우리는 '학문의 전당'이라고 부른다. 대학생활을 통해서 학생들은 다양한 종류의 경험들을 쌓아가겠지만 대학생으로서의 가장 중요한 일거리 중의 하나는 지적인 호기심과 정직성을 바탕으로 체계적 지식을 습득하는 일이다. 그런데 왜 우리는 고등학교까지 학교 공부에, 그리고 대학생활과 '평생교육'이란 말이 시사하듯이 죽는 날까지 학문하는 일에 값진 시간과 노력을 투자해야 하는가? 그 답은 아마 학문하는 일이 무척 값어치 있는 일이기 때문일 것이다. 그렇다면 학문의 가치는 무엇인가? 다시 말해서, 학문은 우리의 인생에 어떤 도움을 주는가? 그리고 특히 '과학과 기술의 가치'는 무엇인가?

사람은 살아가면서 신체적 행위 · 정서적 행위 · 종교적 행위 · 도덕적 행위 · 지적 행위 등을 행하는데, 정상적인 경우에 이 모든 행위들은 궁극적으로 자신 또는 남의 행복을 증진시키는 것 또는 불행을 감소시키는 것을 목표로 삼는다. 우리의 지적 행위, 즉 학문하는 일은 우리에게 행복을 증진시켜 주는 바람직한, 가치 있는 일이다. 예를 들어, 무지(無知)한 인간, 미신에 사로잡혀 사는 인간, 그리고 해결해야 할 지적 문제들을 가지고 있는 사람의 불안과 답답함이 지식을 습득하고, 합리적이고 과학적 사고를 통해서 미신으로부터 해방되고, 문제들을 해결하여 행복해진다. 이렇게 학문하는 일은 개인의 무지와 미신 그리고 지적 혼란으로부터 그 자신을 벗어나게 해줌으로써 그 자신에게 행복감을 안겨준다. 다시 말해서, 우리는 학문을 통하여 지적 호기심을 충족시키고, 무지로 인한 지적 부자유로부

---

[1] 보다 더 자세한 분석을 정광수(2013), 『과학기술철학연구』 1부 4장에서 다루었다.

터 벗어남에 의하여 행복해진다.

더욱이 우리는 어떤 개인의 무지가 다른 사람에게 큰 불행을 초래하는 경우들을 경험한다. 예를 들어, 어떤 사이비 종교 교주의 무지가 그를 따르는 신도들의 죽음이라는 큰 불행을 낳는 것을 접하게 된다. 인류의 스승들 중의 한 사람인 소크라테스가 그렇게 '무지에 대한 지'를 강조하면서 '무지'에 대한 경계를 게을리하지 말 것을 당부한 이유를 여기서 찾아볼 수도 있겠다. 다시 말해서, 어떤 개인의 지식 습득은 자기 자신뿐만 아니라 타인의 불행을 막고, 타인의 행복을 증진시키는 역할을 한다.

또한 옳은 명제들, 즉 진리들의 체계 또는 체계화된 지식으로서의 학문은 "모든 p는 q이다"라는 보편명제 형식을 갖는 법칙과 같은 '일반적' 지식을 포함하는데, 우리는 이것을 토대로 예측을 할 수 있다. 예를 들어, 기상학에서 발견해 낸 태풍에 관한 법칙들과 같은 일반적 지식을 토대로 우리는 어떤 태풍 발생을 '예측'할 수 있고, 결과적으로 그 태풍에 의한 피해를 막거나 줄일 수 있다. 다시 말해서, 자연과학의 경우를 예로 들자면, 자연의 보다 많은 '법칙'들을 찾아내고 '이론'화 작업을 통한 자연에 관한 보다 더 깊은 이해를 바탕으로 구축된 고도로 일반적인 지식들을 토대로 우리는 예측을 하거나 부분적으로 자연을 조절·통제할 수 있게 된 결과로 많은 경우에 불행을 줄이고 행복을 늘릴 수 있게 되었다. 여기서 우리는 베이컨이 주장한 "아는 것이 힘이다"라는 명제가 무엇을 의미하는가를 이해할 수 있겠다.

결론적으로 학문하는 일은 대부분의 경우에 개인 또는 인간 사회에 행복을 증진시켜 주는 바람직한, 즉 가치 있는 일이다. 그러나 때

때로 과학자들의 행위 그 자체 또는 성과 활용이 인간 사회에 불행을 낳기도 한다. 예를 들어, 과학기술 발전에 힘입어 이루어진 산업화, 그리고 도시화로 인한 공해문제 등은 인간 사회에 큰 불행을 안겨주곤 한다. 그렇지만 이러한 불행을 가장 효과적으로 막는 길도 환경공학, 환경윤리 같은 과학(학문)의 안내로 찾아지고 있다.

근현대 사회는 여러 문화 영역 중에 과학 특히 자연과학의 발전과 성과가 돋보이고 있다. 또한 자연과학의 철학, 심리학, 사회과학, 종교, 예술 등에 대한 영향도 증대되었다. 그런데 왜 우리는 자연과학의 발전에 보다 많은 노력을 기울이고 있는가? 첫째로, 자연의 여러 신비스러운 현상은 우리의 지적 호기심을 유발시키기에 충분하고 그것에 대한 원인을 찾아내서 그 현상을 설명해 보고자 하는 노력은 아주 당연한 일이고, 자연재해의 무서운 위력의 공포로부터 벗어나고 부분적으로나마 그 피해를 줄이기 위한 정확한 예측을 위하여 그 원인과 규칙성을 찾아내는 것이 필요하다. 그러한 노력은 자연과학의 순수영역들인 물리학, 화학, 생물학, 분자생물학, 천문학, 지질학 등에 있어 우리를 보다 깊고 높은 수준에 도달하게 했다.

둘째로, 이러한 순수학문의 노력으로 얻어진 진리들의 체계를 응용한 결과로 얻어진 실용학문분야, 즉 공학, 농학, 의·약학 등의 기술과학(technology)은 우리의 생존과 생활에 실질적인 도움을 제공한다. 그런데 최근의 경향은 순수·기초학문인 자연과학과 기술과학 그리고 더 나아가 인문·사회과학과의 상호 영향, 융·복합이 증대되고 있다. 자연과학연구가 기술과학의 기초를 제공하고, 자연과학연구에 기술과학이 제공하는 기술적 협조가 절실히 필요해졌다. 예를 들어, 인간게놈프로젝트의 연구기간 단축은 일본 기술자의 분석

기술 발전에 힘입은 바가 크다.

한편, 최근 우리나라에서 전개된 '과학(비지니스)벨트' 사업이 보여 주듯이, 자연과학 연구-기초과학연구원 설립, 중이온 가속기 건립 등-를 신소재 개발과 같은 재료공학, 암 치료와 같은 의학 분야 등에 응용하여 직간접으로 얼마나 '경제적 가치를 창출'할 것인가, 직간접으로 얼마나 '고용 증대의 효과'가 있을 것인가, 자연에 존재하지 않았던 새로운 원소 발명은 우리에게 '노벨과학상'을 안겨 주지 않을까 등의 문제와 연결시키면서, 자연과학 연구에 대한 사회과학적 논의에 뚜렷이 불을 집혔다. 이러한 상황은 자연·기술과학과 인문·사회과학 그리고 전자, 후자의 복합학문인 '과학기술학'(science & technology studies)과의 협동연구 필요성을 절실히 확인시켜 주고 있다.

이렇게 자연과학의 순수영역은 우리에게 지적 호기심을 충족시켜 주는 자연에 관한 일반적이고 체계적인 지식을 제공하여 주고, 이 영역은 간접적으로 그리고 응용되어 직접 우리의 생존과 생활의 기본적이고 필수적인 요건들에 대한 양적·질적 향상을 제공함으로써 행복증진에 큰 역할을 한다. 다만 과학·기술의 오·남용 그리고 미처 예견하지 못했던 잘못된 사용에 의한 불행 증진과 같은 부정적 요소를 줄이기 위한 노력을 게을리하지 않아야 하는 것이 우리의 숙제이기도 하다.

형이상학의 물음

가. "철학"의 의미

특수학문들과는 달리 철학은 일반적 주제를 다루기 때문에 아주 추상적인 성격을 지니고 있다. 추상화가 구상화보다 훨씬 더 애매, 모호성을 지니기 때문에 이해가 어려운 것처럼 철학도 이해하기 쉽지 않음을 지니고 있는 학문이다. 노벨문학상을 받은 몇 안 되는 철학자인 러셀도 철학이 무엇이라고 아무리 설명해도 학생들이 이해하는 눈빛을 보이지 않자 "철학은 철학과에서 배우는 학문"이라고 외치고 말았다는 일화도 있다.

칸트도 "철학"보다는 상대적으로 구체성이 더 있는 "철학한다"를 먼저 살펴보았다. 철학한다는 것은 이성에 의해 생각하는 것의 일부인데, 보통보다 조금 더 '깊이 생각'하는 것이다. 우리는 상식, 지식, 학문의 수준 각각에서 생각하며 산다. 그런데 '재산을 많이 가지면 행복하다'는 상식,

<러셀(Bertrand Russell)>

'우주가 팽창하고 있다'는 지식, '양자역학 체계가 가장 옳음 직하다'는 학문의 수준에서 생각하는 것보다 한층 더 깊이 생각하면서, 예를 들어, 앞의 상식, 지식, 학문의 주장들은 어떤 문제점 없이 정말 정당한 것들인지 생각해 보는 것은 각각에 대해서 철학하고 있는 것이다.

철학한다는 것은 또한 보통보다 조금 더 '멀리 생각'하는 것이다. 예를 들어, 현재의 에너지 수요와 경제적 효율성에 입각하여 원자력 발전소를 계속 증축한다는 생각이 미래 사회를 고려할 때 어떤 문제점이 있지 않을까 생각해 보는 것은 그것에 대해 철학하는 것이다. 한편, 어떤 특정 종교 사회에서 믿고 있는 신이 다른 종교 사회에서 믿고 있는 신보다 월등하게 나은 것인가 생각해 보는 것도 그것에 대해 철학하는 일일 것이다.

따라서 철학한다는 것은 생각을 많이 하게 되는 것인데 '사리에 맞고 논리가 정연'하여야 철학한다고 말할 수 있다. 즉, 옳거나 옳음 직하다고 믿는 것에 기반하여 어떤 결론을 이끌어 내야 한다. 그리고 생각하여 어떤 결론을 이끌어 낼 때 결론과 그것의 증거나 이유, 즉 전제와의 관계가 논리적으로 타당하여야 한다.

그런데 철학을 할 때 우리는 무엇에 대해서 하고 있는 것일까? 다시 말해, 철학하는 것의 대상은 무엇일까? 그것은 존재일반으로서의 '세계', 그중의 바로 우리 '인간' 그리고 '인간의 여러 행위'(지적, 과학적, 기술적, 도덕적, 사회적, 정치적, 경제적, 예술적, 문화적, 종교적, 신체적 행위 등등)에 관한 '가장 근원적이고 포괄적인 물음' 그리고 앞선 철학자들의 그 물음에 대한 '답변' 기록이다.

결과적으로 철학은 '인간·세계·인간의 행위에 관한 근원적이고 포괄적인 물음(그리고 그 답변 기록)에 대한 상식, 지식, 학문적 수준의 믿음에 대하여 한층 더 깊고 멀리, 사리에 맞고 논리적으로 생각한 결과들을 모아 놓은 것'이라고 말할 수 있겠다. 그리고 상식, 지식, 학문적 수준의 믿음들이 진리, 도덕적 선, 정의, 미적 가치 등에 비추어 볼 때 정말 올바른 것인지, 훌륭한 근거를 가지고 있는 것인지 깊고 멀리 음미해 보는 것을 그러한 믿음들에 대하여 '비판적으로 반성'하는 것이라고 말한다.

따라서 학문으로서의 '철학'은 '인간·세계·인간의 행위에 관한 근원적이고 포괄적인 물음(그리고 그 답변 기록)에 대한 비판적 반성 결과들의 체계'라고 말할 수 있겠다.

앞서 살펴본 학문으로서의 철학에 대한 정의 중 "비판적 반성"이 무엇을 뜻하는가를 밝히는 일은 '철학의 방법'을 이해하는 일이다. 그리고 앞에서 언급한 것처럼 철학에서의 '비판적 반성'이란 상식, 지식, 학문적 수준의 근원적이고 포괄적인 믿음들이 진리, 도덕적 선, 정의, 미적 가치 등에 비추어 볼 때 정말 올바른 것인지, 훌륭한 근거를 가지고 있는 것인지 깊고 멀리 음미해 보는 것을 뜻한다.

다시 말해서, 그러한 신념들이 논리적으로 정당한 것인가를 검토해 보는 것이다. 즉, 그러한 신념이 옳거나 옳음 직한(또는 올바른) 근거를 바탕으로 타당하게 이끌어 내어진 것인가를 분석해 보는 일이다. 그래서 이 과정을 '논리적 분석'이라고 일컫는다. 한편, 이러한 논리적 분석이 적절하게 이루어지기 위해서는, 즉 대상 논증이 정당한가, 타당한가를 올바르게 검토하기 위해서는 그 논증을 이루고 있는 전제와 결론, 즉 문장들의 의미를 정확히 이해하는 것이 전제조건이 될 것이다. 그리고 그 문장들은 낱말들의 결합이다. 따라서 그

낱말들이 무엇을 뜻하는가를 밝히는 작업이 필요하다. 이 과정을 '개념 분석'이라고 일컫는다.

　따라서 철학에서의 '방법'은 논리적 분석과 개념 분석, 즉 '분석의 방법'이다. 상대적으로 '방법론'에 있어서 취약성을 드러냈던 사변철학으로부터 대학에 자리 잡을 수 있는 '학문으로서의 철학'을 지향하면서 철학에서의 방법론-논리학, 언어철학- 탐구에 노력을 기울인 20세기 철학을 그래서 '분석철학'이라고 명명하였다.

나. 철학의 분류

　철학은 전통적으로 크게 네 영역으로 나누어진다고 볼 수 있다. 그 영역들은 방법론, 인식론(지식론), 존재론(형이상학), 가치론이다. 첫째로, '방법론' 영역은 말 그대로 철학의 방법에 관한 탐구 영역이다. 이 영역은 앞에서 살펴본 것처럼 철학의 방법이 논리적 분석과 개념 분석이기 때문에 논리와 개념, 낱말, 언어를 다루는 '논리학'(logic), '논리철학'(philosophy of logic)과 '언어철학'(philosophy of language)이 세부 분야이다.

　'인식론' 영역은 '지식이란 무엇인가', '지식을 얻는 방법들은 무엇인가' 진리성, 확실성 등에 대한 탐구 영역인데, '지식론'(theory of knowledge), '수리철학'(philosophy of mathematics), '자연과학철학'(philosophy of natural science), '생명과학철학'(philosophy of biological science), '사회과학철학'(philosophy of social science) 등이 세부 분야이다.

'존재론' 영역은 존재일반, 즉 '세계' 그리고 그 안의 우리 '인간'의 '본질적 속성'은 무엇인가, '정신'적인 것일까, '물질'적인 것일까, 양자 모두일까, '신'은 무엇이고, 존재하는 것일까 아니면 단지 개념일 뿐인가 등의 문제에 대한 탐구 영역이다. 세부 분야로는 '형이상학'(metaphysics), '정신철학'(philosophy of mind), '종교철학'(philosophy of religion) 등이다.

끝으로, '선'이라는 가치, '미'라는 가치를 다루는 '가치론' 영역은 세부 분야로 '올바른 행위의 기준'은 무엇인가, '훌륭한' 삶이란 무엇인가 등의 문제를 다루는 '윤리학'(ethics), 즉 '도덕철학' 그리고 '사회철학'(social philosophy), '역사철학'(philosophy of history)과 '아름다움'의 기준은 무엇인가, 객관적인 것인가 아니면 주관적인 것인가 등의 문제를 다루는 '미학'(aesthetics), 즉 '예술철학'(philosophy of art) 등이다.

다. 형이상학이란?

형이상학이란 앞에서 살펴본 바와 같이 철학의 한 분야로서 "사물의 본질이나 존재의 근본 원리를 사유나 직관을 통해 연구하는 학문"[2]이다. 그것의 영어 단어 "metaphysics"는 아리스토텔레스 저작물의 제목에서 유래하는데,[3] 기원전 1세기 안드로니쿠스가 로마에 반입된 아리스토텔레스의 저서들을 정리할 때 존재에 관한 14권의

---

2) 다음 국어사전-형이상학.
3) 가톨릭사전-형이상학 1. 어의.

저서를 발견하였고 그것을 아리스토텔레스는 예지 또는 '제1철학'이라고 불렀었다는 것을 알게 되었다. 그런데 그것의 학문적 성격이 아리스토텔레스의 물리학(physics), 즉 자연학을 '따라 가면'(접두사 along의 고어 meta) 도달하게 되는 기본적 문제들을 다루고 있기 때문에 중세에 이르러 그것을 'metaphysics'라고 부르게 되었다.

'존재'란 무엇인가에 대한 물음에:

> 전통적으로 '관념론'과 '실재론'이 각각 답을 제공하고자 시도해 왔는데, 플라톤과 같은 관념론자는 참존재란 '관념'에 의해서 파악되는 이데아라고 믿었고, 유럽 대륙의 관념주의자들은 '물질'과 '정신' 중에 정신적인 것이 더욱 존재의 본질적 속성을 드러낸다고 믿었다. 하지만 실재론자는 이 세계가 정신적인 것과 물질적인 것 두 가지로 이루어져 있다고 믿는다. 그리고 '유물론'은 물질적인 것이 더욱 존재의 본질적 속성을 드러낸다고 믿는데, 김재권 같은 유물론자는 정신적인 것은 물질적인 것에 '수반'된다, 다른 유물론자는 '환원'된다고 믿는다. 다시 말해, 물질적인 것이 존재의 기본적 속성이고 정신적인 것은 물질적인 것에 의존하거나 환원되는 이차적 성격을 지닌다는 것이다.[4]

과거 형이상학에서는 존재, 즉 세계의 근원으로 생각되던 '신'의 문제를 다루었지만 17세기에 이르러 존재일반론만을 대상으로 하게 되어 '존재론'이라고 불리게 되었다.[5]

---

4) 정광수, 「과학적 세계관과 인간관」, 『범한철학』 60집(2011) p.176; 헤겔의 독일 관념론 철학을 신랄하게 비판했던 유물론자의 한 사람인 Feuerbach도 '정신은 물질, 즉 육체에 의존되어 있다'고 주장했다(안재구(1991), pp.49-50 참조).
5) 가톨릭사전 – 형이상학 1. 어의.

CHAPTER

과학적 철학
(Scientific Philosophy)

가. 의미

과학과 친숙한 '과학적 철학'(scientific philosophy)이란 사변철학에 맞서 20세기의 새로운 철학으로 과학처럼 논리성과 실증성에 기반을 둔 학문으로서의 철학인데, 과학의 발달에 따른 새로운 과학 발견들이 여러 전통적인 철학의 문제들에 대해 어떤 영향 또는 해답을 주는가에 대해서 연구한 성과들을 체계적으로 모아 놓은 것이다. 예를 들어 보자면:

> 빛에 대한 입자이론과 파동이론 모두가 받아들여지고 있다는 것은 논리적 원리들 중의 하나인 모순율-A이고 동시에 A가 아니다는 것은 그르다-의 포기 또는 수정을 요구하는가, 양자역학의 불확정성 원리가 인간행위에 관한 결정론과 자유의지론 토론에 어떤 해답을 제공하는가, 최근의 실험심리학과 인공두뇌학 그리고 컴퓨터공학의 연구 성과들은 심신문제(mind-body problem)에 대한 물리주의 또는 인간기계론을 입증하는가 등등의 문제에 대한 연구 결과들을 체계적으로 묶어 놓은 것이다.[6]

---

6) 정광수 외(2001), 『과학학 개론』, pp.88-89; '과학적 철학'에 대한 더욱 상세한 이해를 돕는 대표적 책들 중의 하나는 Reihenbach의 *The Rise of Scientific Philosophy*, 『과학의 발전과 함께 새로운 철학이 열리다』(김회빈 역)이다. 그리고 '과학적 철학'(scientific philosophy)과 혼동하기 쉽지만 구별해야 할 '과학철학'(philosophy of science)은 '과학의 일반적이고 근원적인 신념들의 정당화에 대한 논리적 분석과 그 신념들을 구성하는 것들의 일부인 기초개념의 분석 결과를 체계화한

나. 가치

스승 플라톤의 관념론보다는 실재론을 지향한 아리스토텔레스 철학의 영향 아래 전개된 서양 지성사는 중세에 접어들면서 본격적으로 외곽에 격리되다가 근세에 다시 기지개를 폈지만 독일 관념론, 특히 헤겔 철학은 플라톤의 철인정치를 연상케 하는 영웅주의, 즉 히틀러 같은 독재 권력의 등장을 부추겼다.

하지만 영국 경험론 철학, 물리학과 같은 경험과학 영역, 실증주의 그리고 학문의 기초인 논리학에 친화적인 대륙의 학자들 사이에서는 관념론, 사변철학에 대한 비판, 독재 권력에 대한 저항이 싹트게 되었다.

베를린학파, 비엔나학파 그리고 영연방 국가와 미국으로 이주한 그들을 중심으로 논리실증주의, 논리경험주의 과학철학이 자리 잡게되었다. 경험과학의 성장 그리고 그것의 객관적 방법론에 상대적으로 밀리고 아카데믹 소사이어티에서 존재위기에 처해 있던 철학이 논리적 분석과 개념 분석을 방법으로 제시한 분석철학의 등장으로 그 위기를 돌파할 수 있었다.

전통적인 사변철학에 대해서 '새로운' 철학이라고 불리기도 한 '과학적 철학'(scientific philosophy)은 아카데믹 소사이어티에 걸맞은 '학문'으로서의 철학으로 대학 등에서 인정받게 되었다.

'학문', 즉 '과학'이 '지식들의 체계'로 이해되면서 여러 문화 영역 중에서 가장 중심에 서 있었던 근현대에는 전통적 철학 분야에서도 '지식론' 분야가 가장 활발히 관심, 성장하게 되었다. 반면 존재론,

---

것'으로 이해하는 것이 좋을 것 같다.

즉 형이상학과 가치론 분야의 윤리학은 상대적으로 덜 관심을 받았고 덜 성장하게 되었다.

하지만 20세기 중후반부터는 큰 성장을 이룬 과학의 기초, 즉 바탕관념을 다루는 과학에 대한 형이상학적 연구도 관심을 끌게 되었다.

과학적 철학에서의
바탕관념

가. 세계관[7]

과학적 철학에서 '세계'를 어떻게 이해해야 되는가? 그리고 과학적 철학의 관점에서 '세계'를 그렇게 규정하는 것에 대한 이유는 무엇인가? 전통적으로 "세계"란 용어는 "사람이 살아가는 과정에서 관계를 맺고, 보고, 생각하는 주변의 모든 사물과 현상 그리고 자기 자신을 포함한 것"을 의미한다.[8] 즉, "존재하는 모든 사물현상들의 총체"[9]가 세계이다.

과학적 철학에서의 세계관은 유물론적 세계관이다. '세계', 즉 '존재'에 대한 유물론은 앞서 말한 것처럼 물질이 일차적인 것이고 의식, 정신 그리고 사유는 그것에서 파생된 것으로 이해한다. 물질은 의식에서 독립된 객관적 실재이고 감각의 객관적인 원천이다. 물질은 감각을 통하여 모사되고 인식된다.

한편, 의식은 물질의 한 발전단계인 특정한 유기적 물질, 즉 뇌수의 소산으로 이해된다. 다시 말해, 정신은 육체의 일부인 뇌와 독립적으로 존재하는 것이 아니라 뇌 활동의 소산이다. 즉, 정신은 육체

---

7) 정광수(2011), pp.175-180에서 내용을 더 자세히 다루고 있다.
8) 안재구(1991), p.21 참조.
9) 같은 곳.

에 수반된다. 따라서 뇌 활동이 정지되면 정신은 더 이상 존재하지 않는다.

그렇다면 왜 과학적 철학은 '세계'를 그렇게 규정하는가? 이 철학이 친숙한 근현대 과학은 물질과학, 즉 물리학과 화학의 발전으로 시작되었다. 경험과학의 영역에서 선두 주자로 학문의 이상인 '지식들의 연역체계화'를 달성한 뉴턴 물리학, 이어서 전자기학, 아인슈타인의 상대성이론, 양자역학 등의 발전성과는 '세계'에 대한 괄목할만한 이해를 우리에게 안겨 주었다.[10]

한편, 화학에서 많은 법칙들이 발견되었고 멘델레예프에 의해서 원소주기율표가 완성되었다. 그리고 분석과 합성의 방법으로 물질들의 화학구조를 파악하게 되었다. 그런데 이러한 물질과학의 법칙들은 인과관계를 기술하고 있는데, 자연의 규칙성은 신과 같은 초월자가 원거리에서 조정하고 있는 것이 아니라, 어떤 결과는 시·공간적으로 근접한 원인에 의해서 일어난다는 기계론적 신조가 밑에 깔려있다.

나. 인간관[11]

이제 과학적 철학에서 '인간'을 어떻게 이해하는가, 다시 말해, 과학적 철학에서의 '인간관'은 무엇인가? 그리고 왜 그렇게 주장하는가를 살펴보자.

---

10) 이러한 과학의 응용기술은 '산업혁명', '정보화혁명'을 통하여 우리에게 막대한 물질적, 정신적 행복을 선사하였다는 것을 어느 누구도 부정하지 않을 것이다.
11) 정광수(2011), pp.175-180에서 내용을 더 자세히 다루고 있다.

과학적 철학에서의 인간관은 유물론적 인간관이다. 이것은 앞서 말한 것처럼 물질, 즉 육체가 일차적인 것이고 정신, 의식, 사유는 그것에서 파생된 것으로 이해한다. 육체는 의식에서 독립된 객관적 실재이다.

한편, 의식은 물질의 한 발전단계인 특정한 유기적 물질, 즉 뇌수의 소산으로 이해된다. 다시 말해, 인간의 정신은 육체의 일부인 뇌와 독립적으로 존재하는 것이 아니라 뇌 활동의 소산이다. 즉, 정신은 육체에 수반된다. 따라서 어떤 사람의 뇌 활동이 정지되면 그(그녀)의 정신은 더 이상 존재하지 않는다.

왜 과학적 철학은 '인간'을 그렇게 규정하는가? 물질과학에서의 기계론적 신조는 생명과학의 영역에 침투하여 다윈의 진화론이 등장하게 되었다. 인간을 비롯한 생명체는 오랜 시간에 걸친 진화의 산물이다. 그리고 생물체에 대한 화학적 물질분석 결과는 생체가 자연 무생물계를 구성하고 있는 원소들과 똑같은 원소들로만 구성되어 있고, 생체에만 독특하게 존재하는 이른바 생체원소라는 것은 존재하지 않는다는 사실을 알려 주었다.[12] 결국 인간을 비롯한 생명을 갖는 생물체도, 신이 특별히 선사한 의미로서의 생명을 갖는다는 생기론적 사고를 버리고, 자연에 존재하는 원소들로만 구성되어 있는 일종의 기계론적 존재 또는 대단히 복잡한 물리-화학적 물체에 지나지 않는다는 것이다.[13]

20세기 급속히 발전한 분자생물학의 '생명물질론'에 따르면 "생명

---

12) 하두봉(1988), p.53 참조.
13) '생물학의 용어와 법칙'이 모두 '물리-화학적 용어나 법칙'으로 환원이 가능한지에 대해서는 논란의 여지가 남겨져 있더라도, '기계론'이 생물학에 있어 '발견으로 이끄는 격률', 즉 '연구의 진행을 이끄는 지도 원리'라는 점은 인정할 만하다; 더욱 자세한 것은 Hempel(1966), 곽강제 역(1996)의 '8장 이론적 환원', Hull(1974), 하두봉·구혜영 역의 '5장 생체론과 환원론'을 참조.

이라는 것은 여러 가지 물질의 특수한 집합상태에서 필연적으로 나타나는 물리-화학적 현상"[14]이라는 것이다. 생체 내의 물질대사나 유전현상이 이미 기계론적으로 물질의 바탕에서 해명되었고, 실험심리학 등에서는 사고, 기억 등의 정신활동도 물질적으로 분석이 시도되고 있다.[15] 따라서 근현대 생물학 특히 분자생물학의 발전은 '인간'에 대해 우리에게 수준 높은 이해를 선사하였고, 그 과학적 이해 밑바탕에는 유물론이라는 형이상학적 신조가 깔려 있었다. 다시 말해, 과학적 철학이 제공한 '유물론적 세계관과 인간관'은 그 철학이 친숙한 근현대 과학의 발전, 성과에 힘입은 바가 크다.[16]

---

14) 하두봉, p.59.

15) '인공지능' 연구자 이준환에 따르면, 20세기 들어 시작의 단계이기는 하지만 인간의 '감정', '욕구', '의도'에 대해서도 물질론적, 기계론적 연구가 진행되고 있고, 인간의 그러한 요소들에 바탕을 둔 판단과 유사한 판단력을 갖는 기계들이 만들어지고 있다 한다; 한편, 분자생물학자 김대혁에 따르면, 생명에 대한 물질론적, 기계론적 연구에 힘입은 유전자 조작 등을 통하여 자연생태계에는 존재하지 않았던 인공생명체를 합성하는 데에도 많은 성공을 거두고 있다 한다.

16) 철학의 맥락에서 살펴보면, 관념론은 실재론에 자리를 내놓을 수밖에 없었다; 2원론적 실재론은 서서히 정신이 물질에 수반된다는 유물론 그리고 정신은 물질로 환원된다는 유물론에 자리를 내 놓고 있다.

세계관·인간관의 비교

가. 중세의 세계관·인간관

근현대의 유물론적 세계관과 인간관이 일원론적 경향을 가지고 있다면 중세의 세계관과 인간관은 이원론적 경향을 지니고 있다. 그 이원론적 성격은 초월적 창조주, 즉 신과 피조물 세계, 인간으로의 구분이 특징일 것이다. 물론 범신론적 사고도 동서양에 있었지만 서양 기독교 영향이 돋보였던 중세는 신의 세계와 인간의 세계는 본질적 차이가 있는 것으로 이해하였다.

신의 세계는 완전성이 특질인 세계였다. 신 그 자체가 완전할 뿐 아니라 신의 세계도 완전한 원운동의 세계였고 그 공간도 변화하지 않는 물질 에테르로 채워져 있었다. 그에 반해서 피조물 세계, 인간들은 불완전할 뿐 아니라 그(그녀)들이 거처하는 세계도 불완전한, 끊임없이 변화하는 세계였고 물, 불, 공기, 흙 등으로 채워져 있었다. 천상의 세계와 지상의 세계는 질적으로 무척 차이가 있는 아주 다른 세계들이었다.

존재의 일원성과 무변화를 특징으로 삼았던 고대 파르메니데스학파의 생각을, 특히 천상의 세계에 대한 관점에, 이어받았고; 다원성과 변화를 특징으로 삼았던 고대 헤라클레이토스학파의 생각을, 특히 지상의 세계에 대한 관점에, 이어받았다.

물질적인 것보다 관념적인, 영적인 것을 더욱 우위로 삼고 있는 점에 있어서는 이데아의 세계를 참존재로 인식했던 플라톤주의가 영향을 주었다.

원죄를 지은 인간은 정신을 불어넣어 준 주인인 신께 늘 감사하며, 반성하며 살아야 하고 나중에 신의 심판을 반드시 받아야 한다. 생명은 그것을 넣어준 신의 것이므로 우리는 그것을 처분할 수도 없다. 저급한 육체는 유한하더라도 신의 속성에 가까운 정신은 신의 심판에 따라 천당과 지옥에서 영원히 살아야 한다는 것이다.

인간은 지적으로나 도덕적으로나 부족한 존재이므로 신의 지식과 도덕에 복종해야 되는 것이고 그래야 죄를 더 이상 범하지 않는 것이며 죽어서 신의 은총을 받을 수 있는 것으로 강제 되었다.

인간은 신의 존재, 신의 지식, 도덕에 의심을 품거나 이성적이거나 논리적 증거 찾기에 힘쓰기보다는 그것에 대한 믿음을 강화하기 위한 기도와 찬양에 더 힘써야 된다고 생각했다.

신의 말씀이 곧 진리이므로 인간은 그것을 따라야 되고 이성과 지성을 바탕으로 진리 추구에 힘 기울였던 고대의 인간 노력이 한계가 있음을 자각하고 더 행복하기 위해서는 절대적으로 전지, 전선한 신에게 겸손으로 대하며 감성을 바탕으로 신을 찬양, 기도하며 감사해야 한다고 생각했다.

이성과 지성에 바탕을 둔 삶이 인간 삶 모든 부분에 행복을 안겨 주지 않는다는 고대인의 자각에서 시작된 중세의 감성 위주의 삶도 역시 인간 삶 모든 부분에 행복을 안겨 주지는 않는다는 것을 자각하기 시작한 중세도 이성과 지성을 그리워하게 되었다. 고대의 휴머니즘으로 돌아가자는 르네상스, 즉 문예부흥, 종교개혁을 거쳐 다시 이성, 지성의 과학혁명을 맞이하게 되었다.

천문학 영역에서 천상의 세계에도 신성의 발견 등에 미루어 볼 때 변화가 일어나고 있고 행성의 궤도도 완벽한 원이 아니라 타원 같은 불완전성이 사실이라는 것을 인지하면서, 천상의 세계가 질적으로 지상의 세계보다 양질의 것이라는 세계에 대한 이분법적 사고에 의심을 갖게 되었다.

더 나아가 코페르니쿠스와 갈릴레이는 교회의 교리와 정반대의 '태양 중심체계'가 진리라고 주장하면서 교회의 권위에 도전하였다. 그리고 천상의 세계와 지상의 세계는 질적으로 다른 세계가 아니라 양적으로만 다른 세계라고 생각하게 되었다. 천상의 세계와 지상의 세계에서의 운동을 하나의 이론 체계로 만들어 보고 싶은 욕구가 자연스럽게 과학자들의 머리에 떠오르게 되었다.

나. 근현대의 세계관·인간관

중세의 2원론적으로 세계와 인간을 이해했던 경향-천상의 세계 vs. 지상의 세계: 정신 vs. 육체- 그리고 정신, 즉 관념을 중시했던 관념론, 즉 유심론적 경향은 대륙의 합리론 철학, 독일의 관념론 철학에 맥을 잇고 있지만 영국의 경험론 철학, 논리 실증주의(경험주의) 철학, 유물론 철학은 중세의 종교보다도 뉴턴의 프린키피아에 의해서 학문의 모범을 보이기 시작한 경험과학 특히 자연과학, 물리학 그리고 휴머니즘에 더욱 친화적이었다.

근대 물리학을 탄생시킨 뉴턴의 야망에는 지상의 세계와 천상의 세계를 하나의 물리학 체계로 완성해보자는 것이 포함되어 있었다. 지상에서의 자유낙하운동, 진자운동, 조수간만운동, 지구에 대한 달의 공전, 천상 태양계에서의 행성의 타원운동 등을 하나의 체계로 구성해 놓았고, 그 야망은 아인슈타인의 특수상대성이론, 일반상대성이론으로까지 성장하게 되는 지침 역할을 했다.

이러한 야망은 미시의 세계, 즉 소립자의 세계로 확장되었고 전자기학, 양자역학, 통일장이론 등으로 발전했다.

중세의 2원론적 세계관은 점차 1원론적 세계관으로 다시 말해, 천상의 세계와 지상의 세계를 본질적으로 다른 세계에서 양적으로만 차이가 있는 동질의 세계로 보는 관점으로 옮겨가게 된다.

정신적인 것과 물질적인 것 중에 전자를 양질의 것, 근본적인 것으로 여기는 중세의 관념론적 세계관은 근대에 접어들어 정신과 물질의 대등한 격위를 인정하는 실재론을 거쳐 점차 현대에 오면 물질적인 것을 근본적으로 보는 유물론으로 변화하게 된다.

근현대의 세계관은 인간관에도 영향을 주었는데, 정신과 육체 중에 더 가치 있는 것으로 여긴 정신뿐만이 아니라 육체의 실체성을 주장하기도 했고 정신의 육체에의 수반이론 더 나아가 정신은 육체적인 것으로 환원된다는 유물론이 생명체, 인간에 대한 이해에서도 '발견적 지침'-발견으로 이끄는 격률, 연구 진행을 이끄는 지도 원리-이 되었다.

'과학적 철학'의 인간관에서 이미 살펴보았듯이 중세의 인간관이 유심론적 경향을 지닌 것과 달리 근현대의 인간관은 실재론적, 유물론적 경향을 지니고 있다. 그리고 왜 그러한가에 대해서도 이미 살펴보았다. 즉, 근현대의 괄목할 만한 물질과학-물리학, 화학-의 발달로 물질에 대한 깊고, 넓은 이해, 그것의 생명과학 영역과의 접목인 분자생물학, 더 나아가 실험심리학의 발달은 인간 그리고 인간의 정신 현상에 대해서도 깊고, 넓은 이해의 길을 열어 주었다.

그런데 그 과학들에는 신의 예정조화를 벗어나고 있는 독립적 인과율, 신의 원격조정에서 벗어나고 있는 기계론, 정신의 독립성, 실체성을 벗어나고 있는 유물론, 신의 창조성을 벗어나고 있는 진화론이라는 형이상학적 신조가 서로 맞물려 기반하고 있다.

그래서 인간에 대한 중세의 유심론적 관점은 근현대에 들어 유물론적 관점으로 변화하게 되었다. 한편, 서양 지성사의 기본 원리 중의 하나였던 '단순성 원리'-중세의 '오컴의 면도날'에서 유래하는-에 따라 2원론적 인간관을 버리고 1원론적 인간관, 즉 유물론적 인간관으로 자리 잡게 된 것으로 보인다. 앞에서 밝혔듯이 그러한 인간관은 과학에 있어 최소한 '발견적 지침'으로 작동하고 있다.

다. 포스트모던 시대의 세계관·인간관

근현대의 후반 또는 이후, 포스트모던 시대는 이성, 지성의 시대로부터 감성의 시대로 회귀보다는 이성, 지성과 감성의 융합, 소통의 시대로 보는 편이 나을 것 같다. 빠른 계산 장치의 필요로부터 만들어진 컴퓨터는 인간의 지성이 담당했던 영역-계산, 정보 저장 및 처리에서 인간의 수준 그리고 더 나아가 그 수준 이상으로 기능하게 되었다: 최근에는 '빅데이터', '딥러닝' 기술의 발달로 인간의 고유

영역이라고 생각했던 인지 능력까지도 기계와 공유할 수 있음을 넘나보게 된다.

감성 로봇의 진보는, 아무리 인간의 인지 능력을 뛰어넘는 사람을 닮은 로봇이 등장하여도, 인간만이 소유한다고 믿고 있는 '감성' 영역을 건드릴 수 없기 때문에 로봇은 인간과 구별되는 기계에 지나지 않는다는 종래의 선입견을 무너뜨리기 시작했다. 그리고 뇌 과학, 인공지능, 로봇 연구자들은 그러한 로봇의 진보를 계속 추구하고 있다. (하지만 인간 감정을 소유하는 '감정 로봇'이 현재는 기술적으로 불가능하고 미래에도 그러한 로봇을 만들 것인가에 의구심을 품기도 한다: 그것을 잘 보여주는 글 중의 하나를 다음 페이지에 <예시 1>로 소개한다.)[17] 탄생의 방식이 다른 "'자연'인간"이 아니라 "'인조'인간" 생산을 목표 삼을 수 있는 그들은 앞서 언급하였듯이 1원론적 세계관, 인간관인 '유물론'을 적어도 '발견적 지침'으로 삼고 작업하고 있다고 본다.

---

17) <예시 1>은 『철학』131호(2017.5)에 실려 있다: 이 책의 예시로 글의 사용을 허가해 줌에 감사드린다.

철학 제131집 2017년 5월
CHEOLHAK, Korean Philosophical Association
Vol.131, May 2017, 217-243

http://dx.doi.org/10.18694/KJP.2017.05.131.217

인공 지능에서 인공 감정으로*
-감정을 가진 기계는 실현가능한가?-

천 현 득**

【주제분류】과학기술철학, 심리철학
【주요어】감정, 인공지능, 인공감정, 일방적 감정 소통, 탈인용부호 현상
【요약문】인공 감정에 관한 철학적 탐구가 필요한 시점이다. 인간의 고유한 영역으로 간주되던 인지적 과제에서 기계의 추월을 염려하는 처지가 되자, 사람들은 이제 이성이 아니라 감정에서 인간의 고유성을 찾으려한다. 하지만 최근 인공지능 로봇에 감성을 불어넣는 작업이 새로운 화두로 떠오르고 있다. 이 글은 인공 감정의 실현가능성과 잠재적인 위험을 논의한다. 먼저, 감성 로봇의 개발 현황과 주요한 동기들을 개관하고, 왜 로봇의 감정이 문제가 되는지 살펴본다. 진정한 감정-소유 로봇이 가능한지 검토하기 위해 감정을 선험적으로 정의하기보다는 감정이 수행하는 몇 가지 핵심 역할을 소개하고 이로부터 어떤 대상에 감정을 부여할 수 있는 기준들을 제안한다. 나는 이런 기준에 비추어 진정한 감정 로봇이 근미래에 실현될 가능성이 낮다고 주장한다. 그러나 감정-소유 로봇이 등장하기 이전이라도, 어느 정도의 자율성을 가진 로봇과 맺는 일방적 감정 소통은 잠재적으로 위험할 수 있으며, 이에 대비하는 것이 시급하다고 주장한다.

1. 알파고는 인공 지능이냐는 물음

인공 지능(artificial intelligence)의 발전상이 눈부시다. 2016년 한국의 바둑 최고수 이세돌은 도전자 알파고(AlphaGo)와의 대국에서 4대1로 무릎을 꿇었다. 오랫동안 인류의 전유물로 여겨지던 영역들에서 기술의 도전이 거세다. 인공 지능이 보여주는 뛰어난 수행 능력에 압도당하면서 사람들이 체감하는 불

* 유익한 심사를 해 주신 익명의 심사위원들께 감사드린다. 이 논문은 2016년 대한민국 교육부와 한국연구재단의 지원을 받아 수행된 연구임 (NRF-2016S1A5A2A03927217)
** 이화여자대학교 이화인문과학원 조교수

안감도 눈에 띄게 커져가고 있다. 물론, 영화 속 '터미네이터'처럼 인공 지능이 당장 인류 전체를 멸망시킬 수도 있다는 시나리오는 공상 과학소설에 불과할 것이다. 그렇지만 일부 과학자들과 철학자들은 장기적인 관점에서 특이점과 인공초지능(artificial superintelligence)의 도래를 예상하고 우려한다.(Kurzweil 2005; Bostrom 2014) 더욱 실천적인 관심을 가진 사람들은 머지않아 현실화될, 인공 지능과 더불어 살아야할 세상을 내다보고 미리 대비해야한다고 역설한다. 교통, 노동, 보건, 안보, 경제 등 인공 지능의 잠재적 영향은 전방위적이며, 이는 미국 백악관, 영국 의회, 유럽 연합, 스탠포드대학 등에서 인공 지능의 사회적 영향에 대한 보고서를 앞 다투어 발간하고 있는 이유이다.

인공 지능의 광범위한 적용으로 인해 생겨날 사회적, 경제적, 문화적, 안보적 변화를 예측하고 이러한 변화를 제도적, 정책적 수준에서 대비하는 일도 꼭 필요하지만, 인공 지능의 철학적 도전은 인간 존재와 그 의미를 향한다.(Boden 1990; Frankish and Ramsey 2014) 인공 지능은 인간의 자기반성을 유발하는 환기적 대상이다. 계산기와 자동기계가 발전해온 역사는 짧지 않지만, 20세기 중반 인공 지능의 개념이 등장하기 전까지 인간성의 본질을 재고하게 만들 정도로 위협적이지는 않았다.(Minsky 1986) "인공 지능" 연구는 한편으로는 기계가 인간과 같이 지능적으로 행위하는 존재일 수 있는 가능성에 대한 탐색이면서, 다른 한편으로는 인간의 지능 혹은 이성 능력의 정체를 더 잘 이해하기 위한 노력이기도 하다. 그래서 인공 지능이라는 연구 분야는 이중적인 성격을 가진다. 그것은 컴퓨터 과학의 일부로서 지능적 행동을 산출하는 기계 혹은 그것을 구동시키는 소프트웨어를 탐구하고 제작하는 분야이기도 하지만, 동시에 마음을 과학적으로 탐구하는 인지과학(cognitive science)의 일부로서 인간 마음의 구조와 작동 방식을 규명하기 위한 계산적 모델링을 포함한다. 인공 지능 분야의 잘 알려진 교과서(Russell and Norvig 2015)에 따르면, 인공 지능의 목표는 한편으로는 인간 지능을 닮은 기계 지능을 구현하는 것이고, 다른 한편으로는 인공물에도 장착될 수 있는 형태의 지능을 연구함으로써 지능 일반과 인간의 지능을 이해하는 것이다.

잘 설계된 기계나 소프트웨어가 (편의상, 이를 줄여서 "로봇"이라고 부르자) 통상 인간에게 부과되는 특정한 과제들을 뛰어나게 수행해 낼 수 있다는 데에

는 이견이 없다. 퀴즈쇼("Jeopardy!")에서 인간 우승자들을 제치고 승리한 IBM
의 왓슨이나, 체스 챔피언 카스파로프를 이긴 IBM의 Deep Blue, 그리고 이세
돌을 이긴 구글 딥마인드(Google DeepMind)의 알파고를 보라. 그들이 인간과
겨루었던 과제들은 분명히 인지적인 성격을 지닌 것이었고, 그들은 그 과제들
을 지능적으로 (그리고 압도적인 실력으로) 해결해냈다. 물론 인지적 과제를
지능적으로 수행했다고 해서, 딥블루나 알파고에게 자의식이나 의식을 부여할
사람은 없을 것이다. "인공 지능"의 가능성에 회의적인 목소리를 냈던 철학자
들(e.g., Searle 1992)은 통사론적 엔진에 의해 작동하는 계산 기계는 의미를 이
해하지 못하며 따라서 진정한 지능이 아니라고 주장해왔다. 따라서 왓슨이 퀴
즈의 의미를 이해했는지, 알파고가 바둑돌의 움직임이 가진 의미를 알았는지
따져볼 수도 있다. 그러나 이에 대한 철학적 논쟁은 일단 제쳐두자. 로봇이 의
미나 개념을 가지는지 묻는 까닭은 이해와 의미가 지능의 본질적 요소라고 가
정하기 때문이다. 하지만 압도적인 수행 능력으로 무장한 기계의 등장 앞에서
"지능"이라는 말 자체의 의미가 변화하고 있다.

　사람들이 지능을 보는 관점이 변화하고 있다. 첫째, 알파고를 접한 이후 많
은 사람들은 그것이 정말 "인공 지능"인지 굳이 따져 묻지 않는다. 알파고나
왓슨뿐 아니라 다른 정보 기술을 수식하는 말로 "인공 지능"을 붙이는 데에 사
람들은 아무런 거리낌이 없다. "인공 지능 비서인 시리(Siri)", "인공 지능을 갖
춘 냉장고" 등의 표현은 빠르게 일상적 용법으로 자리잡고 있다. 인간이 기계
와의 "지적인" 대결에서 진 상황에서, "그래도 기계가 의미를 이해한 것은 아
니지 않느냐"는 물음이 궁색해진 탓이다. 둘째, 의미를 이해하는지 여부와 상
관없이 인지적 과제를 성공적으로 수행하는 기계를 인공 지능으로 부를 수 있
다면, 의미나 이해는 더 이상 "지능"의 본질적인 요소가 아니게 된다.[1] 본래
인간 지능이 가지던 풍부한 의미는 점차 축소되고 있다. 얼마나 효율적으로 결
과를 산출할 수 있는지 측정할 수 있는 과제 수행 능력 이외의 요소들은 부차

---

1) 근대 천문학 혁명 당시 "지구"라는 단어의 의미 변화를 떠올려보자. 지구가 우주 중심에 고정
　되어 있다는 중세의 생각은, 지구는 우주의 변방에 위치하면서 스스로 돌고 또 태양 주위를 회
　전하는 하나의 행성에 불과하다는 관념으로 대체된다. 지구가 인간 삶에서 가진 풍부한 의미는
　축소되었지만, 우리가 살고 있는 이 땅이 더 이상 우주의 중심이 아니라고 해서 더 이상 지구
　가 아니라고 말하지는 않았다.(Kuhn 1957)

적인 것으로 치부되고 있다.[2] 셋째, 현존하는 인공 지능들은 제한적인 소수의 과제만을 수행한다. 인공 지능도 지능이라면, 지능이란 하나의 단일한 능력이 아니라 서로 얽혀있고 상호작용하는 다양한 세부능력들의 총체이다. 물론 인간의 지능은 유연하고 일반적이며, 그런 점에서 현존하는 인공 지능과 다르다. 그러나 과제나 영역에 특수한(task-, or domain-specific) 지능을 지능이 아니라고 볼 수도 없을 것이다.

2. 문제는 감정이다

동서를 막론하고 많은 사상가들은 인간을 지/정/의, 혹은 이성과 감정과 의지를 가진 존재로 보았다. 그 가운데 인간을 인간답게 하는 것은 바로 이성이며, 감정은 이성의 지배를 받아야한다는 생각이 지배적이었다. 그러나 인지적인 능력에서 기계의 추월을 염려하며 초라해진 인간의 위상을 개탄하는 사람들은 이제 감정으로 눈을 돌린다. "왓슨은 경쟁에서 이기긴 했지만 승리를 기뻐하지는 못했다. 당신은 왓슨의 등을 두드리며 축하해줄 수 없고, 함께 축배를 들 수도 없다. 로봇은 이런 행동들이 무엇을 의미하는지 이해할 수 없을 뿐더러 자신이 이겼다는 사실조차 인식하지 못한다."(Kaku 2014, 336) 사람들은 이제 인간성의 핵심을 지적인 능력이 아니라 정서적인 부분에서 찾으려 한다. 과업의 알고리듬화를 통해 많은 직업이 로봇에 의해 대체될 것이라는 우려 속에서도, 인간의 감정을 읽고 인간과 상호작용하는 직업이 가장 오래 살아남을 것이라는 예측이 많다. 예컨대, 대중교통을 담당하는 운전기사는 대체될 확률이 높지만, 보육 교사의 대체 가능성은 높지 않다. 기계가 수행하기 가장 어려운 일은 인간과 감정적으로 교류하는 일이다.[3]

---

2) 이러한 변화는 인간의 정신과 지성을 업무수행 능력의 차원으로 축소해 다루려고 하는 현대 기술사회의 문화적 조건과 무관치 않을 것이다.

3) 브린욜프슨(Erik Brynjolfsson)과 맥아피(Andrew McAfee)는 기계가 인간을 따라잡지 못한 영역으로 1) 글쓰기, 과학적 발견, 기업가정신, 예술적 작업을 포함하는 창조적인 일, 2) 감정을 통한 사회적 상호작용, 3) 숙련과 솜씨가 발현되는 수영이나 발레 등 신체적 솜씨(physical dexterity)를 들고 있다. 인공 지능의 발달이 일자리에 가져올 변화에 관해서는 다음을 참조하라.

이제껏 로봇이나 인공 지능은 완벽하게 논리적이고 이성적으로 그려지곤 했다. 그런 점에서 보면 기계가 육체적, 지적 과업에서 인간의 수행 능력을 추월하더라고, 인간은 감정을 가지고 다른 이들과 교감하는 존재라는 점에서 차별화된다고 볼 수 있었다. 하지만 최근에는 감정을 가진 로봇을 제작하려는 열망이 어느 때마다 뜨겁다. 로봇 산업은 인간의 신체 노동력을 대체하는 산업용 로봇에서 지능형 서비스 로봇으로 강조점이 빠르게 이동하고 있다. 산업용 로봇은 공장에서 사람을 대신해 반복적인 작업을 빠르고 정확하게 수행하기 위한 도구로 활용되고 있다. 반면, 지능형 서비스 로봇은 외부 환경의 변화를 스스로 인식하고 상황을 판단하며, 인간과의 상호작용을 통해 인간의 여러 활동에게 도움을 주도록 설계, 제작된다. 2004년 일본 후쿠오카에서 발표된 "세계 로봇 선언"에서는 "차세대 로봇은 인류와 공존하는 파트너가 될 것이며, 인류를 신체적이고 심리적으로 보조하게 될 것"이라고 선언했다. 공학자들과 기업들은 일반가정, 병원, 양로원, 학교 등에서 사람들의 일상생활과 돌봄 및 치료 과정을 돕는, 사람과 상호작용할 수 있는 사회친화적 로봇을 개발하고자 한다. 이 로봇들은 세탁기나 청소기와는 다르게 취급될 것이다. 세탁기와는 달리, 사람들은 로봇에 이름을 붙여주고 말을 걸고 "사회적인" 상호작용을 할 것이다. 인간과 정서적으로 교감하는 로봇이 집집마다 배치된다면, 우리는 그것을 반려동물이나 가족구성원과 같이 여기게 될지도 모른다.

사교 로봇이나 감정 로봇이 각광받는 데에는 여러 이유가 있다. 우선, 현대인들은 똑똑하게 행동하는 로봇뿐 아니라 정서적으로 교감할 수 있는 로봇을 바란다. 가족 해체 현상이 가속화되고, 1인 가구가 증가하며, 공동체와의 단절을 경험하고 있는 우리 세대에 외로움을 덜어줄 로봇에 대한 수요가 커지고 있다. 게다가, 사람들은 어느 정도 감정 표현을 하는 로봇을 그렇지 않은 로봇보다 선호하는 것으로 나타났다. 사람과 같은 얼굴 표정과 목소리, 몸짓 등을 표현하는 경우 사람들의 호감도가 높아진다.(Waytz and Norton 2014) 감정 표현을 하는 로봇은 인간으로부터 더 큰 신뢰를 얻게 되고, 또 더 많이 사용될 것이다.

김세움, "기술진보에 따른 노동시장 변화와 대응", 한국노동연구원 정책연구 2015-5; Executive Office of the President, "Artificial Intelligence, Automation, and the Economy", December 2016.

둘째, 로봇에게 감정 능력을 부여함으로써 로봇의 전반적인 성능을 향상하거나 사용자의 세밀한 필요에 더 잘 부응하도록 만들 수 있다. 감정 로봇 연구자인 브리질(Breazeal and Brooks 2005)은 로봇을 네 종류, 즉 도구, 사이보그 연장, 아바타, 협력상대로 분류하며 어떠한 경우에도 감정 로봇이 사용자에게 도움이 된다고 설명한다. 정해진 방식의 명시적 명령만을 수행하는 로봇보다는 사용자의 표정이나 음성, 몸짓 등에서 드러나는 감정을 인식하는 로봇이 더 나은 서비스를 제공할 수 있다는 점은 분명해 보인다.

- 도구로서의 로봇: 로봇은 특정 과제를 수행하기 위한 장치이다. 로봇의 자율도는 주어진 과제의 성격에 따라 다를 수 있는데, 경우에 따라 원격제어가 적합할 수도 있고, 때로는 자기충족적인 체계가 필요할 수도 있다. 예컨대, 위험 지역, 오지, 혹은 우주를 탐사하는 로봇의 경우, 인간과의 통신에 상당한 제약이 있을 수 있기 때문에, 인간이 과제 수행을 전반적으로 감독하더라도 로봇은 주어진 환경에서 여러 과제를 수행할 정도로 자기충족적이어야 한다. 동물과 마찬가지로, 로봇이 복잡하고 예측불가능하면 때로는 위험한 환경에서 제한된 자원으로 여러 과제를 수행해야하는 경우, 감정을 갖는 로봇은 임무 수행에서 더 나은 수행 능력을 보여줄 수 있다.
- 사이보그 연장으로서의 로봇: 로봇은 인간 신체의 일부로 간주할 정도로 인간과 물리적으로 결합될 수 있다. 외골격 로봇이나 신체가 절단된 사람들을 위한 보철 팔다리 등이 여기에 속한다. 인공 보철이 그 자체로 감정을 가질 필요는 없지만, 사람이 경험하는 감정에 인식하고 그에 맞추어 작동을 조절하면 유용할 것이다. 예컨대, 스트레스가 강한 상황에서는 신체의 능력과 신속성을 증강하도록 파라미터를 조정하고, 진정된 상태에서는 에너지 소비를 아끼는 방향으로 조정할 수 있다.
- 아바타로서의 로봇: 자신을 로봇에 투사하여 로봇을 통해 다른 이들과 원격으로 상호작용하는 아바타 로봇을 통해 멀리 떨어진 사람들과 의사소통할 수 있다. 기술을 매개로 한 의사소통은 보통 대면 소통보다 빈약하기 마련이지만, 로봇 아바타는 완전히 체화된 경험을 가능하게 하고, (감촉, 눈 맞춤, 같은 공간 안에서의 움직임 등을 통해) 상대에게 물리적, 사회적 현전성을 드러낼 수도 있다. 이것이 가능하려면 로봇은 매우 고차원적인 인간의 명령을 수행할 수 있어야 하고, 사용자의 말의 언어적 의도나 감정 상태를 파악하고, 그것을 상대

편에게 충실히 전달하는 능력을 소유해야한다.

- 협동상대로서의 로봇: 로봇이 유능한 협동상대로서 사람들과 사회적으로 상호작용할 수 있으려면 사회 지능과 감정을 가져야한다. 예컨대, 노인 돌봄 로봇은 환자가 보여주는 고통, 피로감, 불안 등의 징후를 잘 포착하고 이에 반응할 수 있어야한다. 사람들을 귀찮거나 화나게 하지 않으면서 필요에 부응하도록 하려면, 섬세하고 예민한 감각이 필요하다. 현재의 많은 기술들은 사회적, 혹은 정서적으로 문제가 있는 사람들이 하는 방식으로 우리와 상호작용한다. 사람들과 장기적인 관계를 맺고 그것의 유용성을 최대한 활용하려면, 사람들이 일상생활에서 받아들일만한 수준의 감정 로봇을 만들어야한다.

셋째, 일부에서는 미래 로봇을 더욱 안전하게 만들기 위해 감정이 중요하다고 믿는다. 이모세이프 창업자이자 최고경영자인 페트릭 로젠탈은 "인공 지능에게 사람의 감정을 인식할 수 있게 하면 인공 지능이 항상 사람의 행복을 추구하는 쪽으로 작동하게 할 수 있어 인류를 위협하는 존재가 되는 것을 피할 수 있다"고 주장한다.[4] 인공 지능이 언젠가 인간의 능력을 훌쩍 뛰어넘는 수준으로 발전하기 이전에 사람들이 원하는 감정을 길들일 수 있다면 더 안전한 인공 지능을 만들 수 있다는 것이다.

인공 지능은 진화를 거듭하여 결국 인간과 같은 감정을 가지고 인간과 상호작용하는 존재가 될 것인가? 만약 인공 지능이 감정을 가질 수 있다면, 우리의 인간 이해는 또 어디에 뿌리내려야하며, 우리는 인공 지능을 어떠한 존재로 대우해야 할까? 인공 감정(artificial emotion)의 가능성을 타진하는 문제는 그래서 인공 지능의 가능성을 물을 때와 마찬가지로 이중적인 의미를 갖는다. 인공 감정에 대한 연구는 감정적 존재인 인간과 유사하게 행위하는 기계를 제작하려는 시도이면서, 동시에 감정 과정에 대한 계산 모형을 통해 감정 일반과 인간의 감정을 더 깊이 이해하기 위한 노력이기도 하다. 로봇에 감성을 불어넣는 작업이 새로운 화두로 등장한 이때, 인공 감정에 대한 철학적 탐구는 더 이상 미룰 수 없는 과제가 되었다.

이 물음에 답하려면 우선 감정이란 무엇인지, 인간과 동물에게 있어 감정의

---

4) "How happy chatbots could become our new best friends", BBC News 2016.5.31.

핵심적인 역할은 무엇인지 생각해 보아야 한다. 이로부터 우리는 어떤 대상이 감정을 소유한 존재인지 여부를 판단할 수 있는 일련의 기준들을 추려낼 수 있을 것이다.

3. 감정이란 무엇인가

감정이 없다면 우리가 누리는 풍부한 삶은 불가능하다. 우리는 기쁜 일도 슬픈 일도 겪는다. 우리는 때로 두렵고 수치스럽고 분노하지만, 때로는 자부심을 느끼며 살아간다. 감정의 본질은 도대체 무엇이고, 우리는 그런 감정을 왜 가지고 있는지를 본격적으로 탐구하는 일은 제한된 글의 범위를 넘는다. 감정이 무엇인지 이해하는 한 방식은 감정의 기능적 역할을 이해하는 것이다. 우리의 정신적 삶에서 감정이 수행하는 몇 가지 핵심적인 역할들을 고려해봄으로써, 어떤 대상에게 감정을 부여할 수 있는 기준을 생각해볼 수 있다. 이는 감정의 개념을 선험적으로 정의하는 일과는 다르다. 감정을 인간에게 고유한 어떤 것으로 만들기 위해, 애당초 인간과 일부 동물들 외에는 감정을 가진다고 말할 수 없도록 "감정"을 규정한다면 아무런 실익을 얻을 수 없다. 원리적으로는 인간 외의 다른 생명체나 인공물에게 감정의 소유를 배제하지 않으면서, 동시에 인간 및 동물이 가진 감정의 어떤 측면을 밝혀줄 수 있는 일반적인 원리나 기준을 제시할 수 있어야한다. 이를 위해, 우리가 다른 사람에게 감정을 부여할 때 어떤 기준들에 호소하는지 점검해보는 것은 좋을 출발점이 될 수 있다.[5]

우리는 다른 사람들의 행동에서 감정의 단서를 발견한다. 감정과 정서적 행동의 관계는 밀접하다. 행동주의적 관점에 따르면, 감정이란 입력 자극에 대한 적절한 출력을 내놓는 행동들의 패턴으로 환원된다. 감정의 한 가지 기능은 사

---

5) 한 심사위원은 "감정이 어떤 역할을 하는지"가 아니라 "감정이 무엇인지"를 직접 분석해야했다고 지적했다. 그러나 심성 상태에 대한 기능주의적 접근이 그것이 수행하는 기능적 역할에 의해 심성 상태의 본성(그것이 무엇인지)를 드러내듯, 감정의 기능적 역할들에 주목하는 것은 감정이 무엇인지를 드러내는 한 방식이다. 감정에 대한 기능주의적 접근이 감정의 모든 측면을 온전히 밝힐 수 있다고 주장하는 것은 아니지만, 인공물을 비롯한 타자에게 감정을 부여하는 기준을 논의하는 이 글의 맥락에서 이러한 기능주의적 접근은 옹호될 수 있다.

회적 의사소통에 있다. 특히, 사회적 동물인 인간에게 다른 사람의 감정 표현에서 그의 심적 상태와 의도 등을 읽어내고 적절하게 반응하는 능력이 중요하다. 로봇공학에서는 이런 접근법을 따라 "사회적" 혹은 "정서적" 행동을 보이는 로봇을 제작하는 데 많은 노력을 기울인다. 스스로 감정을 경험하는 개체만이 그러한 상호작용을 할 수 있다고 단정할 수 없다. 내적인 감정 경험을 언급하지 않고서도, 일정 수준의 사회적 상호작용이 가능한 로봇을 만들 수도 있다. 하지만 우리가 바라는 것은 인간과 인간 같은 방식으로 의사소통하는 로봇이며, 이를 위해 행동주의적 감정 이론은 불충분하다.

예를 들어, 당신이 인간과 유사한 정서적 행동을 보이는 어떤 대상을 발견했다고 하자. 심지어 그 대상은 외양으로 볼 때 인간과 구별되지 않았다고 가정하자. 그런데 만일 그것이 무선 통신을 통해 원격 제어되는 로봇으로 드러났다면, 당신은 그것에 감정을 부여하겠는가? 만일 아니라면, 생김새나 행동이 충분한 기준이 아님을 의미한다. 정서적 행동이 타자에게 감정을 부여하는 일차적인 단서인 것은 분명하지만, 그런 휴리스틱이 제대로 작동하기 위해서는 배경지식을 가정해야한다. 즉, 우리 인간은 외적 행위뿐 아니라 내적인 측면에서도 서로 유사하다는 가정하고 있는 셈이다.

행동주의는 정서적 행동과 감정 경험 사이의 거리를 간과한다. 마음의 작용을 행동 수준에서 분석하더라도, 어떤 행동이 감정에 의한 것이고 어떤 것이 그렇지 않은지 구분할 방법이 마땅치 않다. 행동은 감정에 대한 표시자(indicator)이지, 개념적으로 감정과 동일하지 않다. 행동의 동등성은 심성 상태의 동등성을 함축하지 않기 때문에, 동일한 상황에 직면한 두 사람이 서로 다른 감정을 느낄 수도 있고, 같은 감정을 느낀 두 사람이 서로 다르게 행위할 수도 있다. 감정과 행동은 성향적으로 연결되어 있다.[6]

그렇다면 정확히 어떤 내적 측면이 감정을 부여하는 일과 유관한가? 한 가지 후보는 가장 사밀한 내적 측면인 의식적 경험에 호소하는 것이다. 그러나 감정을 경험할 때 우리가 느끼는 감각질(emotional qualia)이 감정의 필수 조건인지 여부가 논란거리일 뿐 아니라 느낌 자체는 상호주관적으로 확인될 수 없다는 점에서 타자에게 감정을 부여하는 기준으로서 적합하지 않다.(Megill

---

[6] 반사행동은 자극에 대한 직접적인 반응이지만, 통상 감정으로 간주되지 않는다.

2014) 인간의 생물학적 구성요소와 구조를 언급하는 것도 또 하나의 방법이다. 우리는 다른 사람들이 우리와 동일한 생물학적 요소로 이루어져 있다고 믿는다. 그러나 인공물에 감정을 부여할 수 있는지 따져야하는 지금 상황에서 세포나 단백질과 같은 요소에 지나치게 의존하는 것은 온당치 않다. 오히려 심리학적 수준의 인지 구조(cognitive architecture)와 그것이 마음의 작동 내에서 그리고 행동과의 연관 속에서 수행하는 여러 기능적 역할들이 무엇인지 살펴야한다. 이를 위해서는 상당히 축적되어온 철학적, 심리학적, 신경과학적 연구들을 활용할 필요가 있다.

간단한 예시로서, 당신이 추석 즈음에 성묘를 하러 산에 올랐다고 가정해보자. 당신이 땅에서 어떤 매끈하고 긴 물체가 꿈틀거리는 모습을 보았다면, 그 즉시 몸이 얼어붙고 심장은 쿵쾅거리고 손바닥에 땀이 나면서 공포를 느꼈을 것이다. 당신은 순간 움츠러들었다가 이내 빠른 속도로 달아났을 것이다. 감정의 첫 번째 역할은 개체의 생존, 안녕, 혹은 항상성 유지에 관련된 중요한 정보를 제공해 주는 데 있다. 우리의 지각 능력이나 고등 인지는 외부 세계에 대한 신뢰할만한 정보를 제공하지만, 감정은 차분한 고등 인지과정과는 달리 빠르고 효과적인 상황 판단 및 의사결정이 가능하도록 해준다. 당신이 느낀 공포감은 당신이 위험한 상황에 처해있다고 즉각 알려주며, 전달하는 정보의 양은 적지만 커다란 효과를 발휘한다. 철학계에서 통용되는 용어로 말하자면, 감정은 지향성을 가지며 감정을 느끼는 개체가 처한 상황에 대한 평가(appraisal)를 포함한다. 그 개체가 느끼는 공포 감정은 그가 위험한 상황에 처해있다는 핵심 주제를 표상하고 그에 알맞게 대응하도록 준비시킨다.

둘째, 감정은 인지 과정을 촉진하거나 증진하기도 하고, 추론 양식에 영향을 미치기도 한다. 예컨대, 공포와 같은 부정적 감정은 그 감정을 느끼는 사람에게 지금 문제가 되고 있는 상황의 세부적인 내용에 집중하도록 만드는 경향이 있고, 반대로 긍정적인 정서는 큰 그림이나 포괄적인 의미를 생각하도록 만드는 경향이 있다.(Pessoa and Ungerleider 2004) 감정은 선택적 주의(selective attention)에서도 중요한 역할을 한다.(Attar and Muller 2012) 시각적 경험을 할 때 우리는 시각장에 들어온 모든 정보를 한꺼번에 처리할 수 없기 때문에, 그 가운데 특정한 측면에만 초점을 맞추고 나머지는 무시한다. 다시 말해, 우리는 중요하고 두드러진 특성에 주의를 집중하고 그렇지 않은 것들은 그냥 지나친다. 감정은 어떤 것이 중요한 것인지 결정하는 데 관여한다. 주의는 제한된 자원이기에 감정을 불러일으키는 자극에 집중되는 경향이 있고 실제로 그런 자극이 중요한 경우가 많다. 예컨대, 산 속에서 뱀을 마주쳤을 때 당신이 느낀 공포는 그 감정을 일으킨 대상에 주의를 집중하도록 했을 것이다. 감정은 선택적 주의뿐 아니라 장기기억 형성에도 일정한 역할을 한다. 우리는 강한 감정을 동반했던 사건들을 더 잘 기억하는 경향이 있다. 결혼식이나 아이의 출생, 사랑하는 사람의 죽음 등 강한 감정을 불러일으켰던 사건들은 기억에 더 오래 남는다. 뱀에 대한 공포 경험도 더 잘 기억될 가능성이 높다.

캡그라스 증후군(Capgras Syndrome)은 감정이 인지에 미치는 영향을 보여주는 매우 흥미로운 사례이다. 이 질환을 앓고 있는 환자는 아내의 얼굴을 제대로 알아보지 못하고 자신의 아내를 가짜라고 주장한다. 그러나 환자의 일반적인 지능이나 얼굴 인식 능력 자체에 큰 문제가 있는 것은 아니다. 환자들은 얼굴 모양이 아내와 닮았다고 생각하지만 상대가 진짜 아내임을 부인하면서 그녀가 진짜 흉내를 낸다고 생각하는데, 이는 아내에게서 느껴지는 감정이 느껴지지 않기 때문이다. 흥미롭게도, 전화로 목소리를 들려주면 아내를 알아보기도 하는데, 청각 인식과 감정 회로의 연결은 문제가 없지만 시각 인식과 감정 회로 사이의 연결에 문제가 있는 것으로 파악되었다.(라마찬드란 2016)

셋째, 감정은 행위를 안내하는 역할을 한다. 감정은 장기적인 계획을 세우거나 무엇을 추구하고 무엇을 회피할 지 판단할 때 핵심 근거가 된다. 물론, 배고픔이나 목마름 같은 기본적인 충동이나 단순한 조건반사도 행동에 영향을 미치지만, 감정은 그보다 높은 수준에서 인지와 행동을 매개한다. 간혹 우리는 감정을 절제하고 차가운 이성을 동원해야만 올바른 판단에 도달할 수 있다고 믿는다. 그러나 감정의 동기부여 역할을 간과하지 말아야 한다. 신경과학자 다마지오(Damasio 1994)의 잘 알려진 연구에 따르면, 대뇌변연계의 감정 중추가 손상된 환자들의 경우 가치판단에 혼란을 겪는다. 이 환자들은 실험실의 표준적인 인지적 과제를 수행하는데 별 문제가 없었지만, 일상생활에서 합리적인 판단을 내리는 데 어려워했다. 그 가운데 일부는 투자에서 큰 손실을 보기도 했는데, 정신적으로 건강한 사람의 경우 투자 실패를 경험하면 이후 더욱 조심

스럽게 접근하거나 투자를 멈췄겠지만, 감정이 손상된 사람들은 그렇지 않았다. 그들은 좋지 않은 감정과 위험한 선택 사이의 연결을 학습하지 못한 것이다. 감정은 중요한 일과 사소한 일을 신속하고 정확하게 구별하는 데 핵심적이다. 감정을 느끼지 못하는 사람이라면 도대체 왜 특정한 일을 해야만 하는지 동기를 찾기 어려울 것이다. 만일 어떤 이가 뱀을 보고도 공포를 느끼지 않는다면, 그의 생존은 장담할 수 없을 것이다. 감정은 단순한 조건반사와 숙고된 판단 사이에 위치하는 것으로 보이며, 일의 우선권을 조정하고 재빨리 대응해야할지 아니면 시간을 가지고 숙고해야할지를 결정하는 데에도 일정한 역할을 한다.

넷째, 우리가 특정한 감정을 경험할 때면 특징적인 신체 반응이나 표정 등이 동반된다.[7] 그러한 신체 반응은 환경에 대해 적응적이며, 우리가 다음번에 취하게 될 행동을 준비하는 역할을 한다. 고양이를 보고 공포를 느낀 생쥐는 얼어붙거나 도망을 친다. 다양한 감정 표현은 사회적 상호작용에서 중요한 역할을 담당한다. 우리는 서로의 미묘한 감정을 읽어내고 그에 적절히 반응하며, 그런 정서적 교감을 통해 공동체를 유지하는 존재이다. 어떤 이가 공포에 질려 있는 표정을 하고 있다면 우리는 그가 위험에 처해 있음을 파악하고 그에 알맞은 행동을 실행에 옮길 수 있어야 한다. 한편으로, 우리는 상대방에게 특정한 행위를 이끌어 내거나 특정한 감정을 불러일으키기 위해, 상황에 알맞은 감정을 적극적으로 표현하거나 숨길 수도 있다. 감정은 사회적 유대감을 형성하는 기초이다.

감정은 개체의 생존과 안녕에 유관한 정보를 표상하고 인지 과정에 영향을 미치며 행위를 지도하고 사회적 상호작용에 관여한다. 감정은 한정된 자원을 가지고 복잡하고 때로는 예측 불가능한 물리적, 사회적 세계에 살아가기 위해 유연하고 적응적인 행위를 나타내야할 지적인 존재에게 요구되는 그 무엇이다. 이러한 감정을 구현하는 한 가지 방식은 인간과 동물과 같은 신체적 조건을 부여하는 것이지만, 우리의 물음은 실리콘을 기반으로 인공 감정을 구현할

---

7) 물론 이러한 신체 반응과 그에 대한 감각은 우리 몸 전체에 걸쳐있는 자율신경계와 내분비계, 호르몬의 작용, 그리고 두뇌의 구조 등에 의해 결정된다. 그러나 앞서 언급된 것처럼, 감정을 가지기 위해 우리와 동일한 생물학적 기반 – 세포, 호르몬, 신경계 – 을 가지고 있어야 한다고 요구하는 것은 아니다.

수 있을지 여부이다.

4. 인공 감정은 실현가능한가?

사교 로봇이나 감정 로봇의 제작을 향한 연구 방향을 살펴봄으로써 인공 감정이 가까운 미래에 실현될 수 있는지 생각해보자. 로봇공학자들이 설계하는 감정 체계는 흔히 감정 인식, 감정 생성, 감정 표현이라는 세 부분으로 구성된다.[8]

- 감정 인식: 입술, 눈썹 모양, 얼굴 찡그림 등의 표정이나 몸짓을 시각적으로 인식하고, 음성의 템포와 억양, 강도 등에 따라 음성을 인식하며, 애완용 로봇과 같은 일부 로봇에서는 촉각 정보(쓰다듬기, 때리기, 안아주기 등)를 활용하여 사용자의 감정을 파악한다. 2015년 소프트뱅크가 개발한 페퍼는 사람의 얼굴을 관찰해 감정을 인식하고, 2016년 1월 애플이 인수한 얼굴인식 전문기업 이모션트(Emotient)는 구글 글래스를 통해 미세한 표정까지 읽어내고 이를 통해 사람이 느끼는 감정의 종류와 강도를 읽어내는 기술을 보유한 것으로 알려져 있다.
- 감정 표현: 얼굴 표정을 짓거나 몸짓을 하고, 음성으로 반응하기도 한다. 와세다대 로봇인 코비안(Kobian)은 온 몸을 이용해 코미디언처럼 행동을 표현하는데, 놀란 목소리나 우스꽝스러운 몸짓 등을 표현할 줄 안다. 페퍼(Pepper)는 발표되는 날 발표장에서 손정의 회장과 교감하며 다양한 제스처를 구사했다. 다만, 예고 없이 주어진 환경에 대한 반응이 아니라 녹화된 표현 패턴이었음이 알려졌다.
- 감정 생성: 많은 감정 로봇은 단순히 행동주의적 접근을 따르지 않고 심리학과 신경과학의 성과를 반영한 감정 모형을 로봇에 장착하려 한다. 타인의 감정 표현을 인식할 뿐 아니라 타인의 표정이나 주변 상황에 의해서 스스로 감정 모형을 생성하고, 이를 바탕으로 표정이나 몸짓, 목소리로 표현하는 것이다. 즉, 입력과 로봇의 현 상태를 참조하여 감정을 생성하며, 때로는 동기나 성격 등을 고려하기도 한다. MIT 인공 지능 연구소에서 개발된 키즈멧(Kismet)은 3차원 감정 공간

---

8) 국내외 연구 동향에 관해서는 다음을 참조: 안호석·최진영 (2007), 이동욱 외 (2008), 박천수 외 (2008), 이찬종 (2009), 이원형 외 (2014), 김평수 (2016)

(arousal, valence, stance)에 9개의 감정을 표현한다. 예컨대, 분노는 각
성의 수준이 높으면서 부정적이고, 그러면서 그 감정을 일으키는 대
상을 향해 나아가는 감정이다. 키즈멧은 15개의 자유도를 가지고 감
정을 표현했고, 그 후속 로봇인 레오나르도(Leonardo)는 64개의 자유
도를 가진다.

감정 인식과 표현 능력만을 갖춘 로봇은 사회적 의사소통이라는 역할을 재
현하는 데 역점을 둔다. 그러나 내적인 감정 생성 모형 없이 로봇이 할 수 있
는 의사소통은 제한적이며, 그러한 로봇은 감정을 소유한다고도 볼 수 없다.
내적인 감정 과정을 개체의 인지 구조 안에 포섭시키지 않고서는, 개체의 행동
은 유연하고 적응적일 수 없고 낯선 환경에 놓일 때 손쉽게 작동을 멈추게 된
다. 그렇다면 문제는 감정 생성 모형을 갖춘 로봇이 인공 감정을 가질 수 있는
지 여부이다. 이는 감정 모형이 어떤 수준에서 구현되는지에 달려있다. 그러나
현재의 기술 수준에서 인공 감정을 가진 로봇은 없을 뿐 아니라 가까운 미래
에 그런 로봇이 등장할 가능성은 희박하다고 판단된다.

감정이 수행하는 핵심적인 역할들을 자세히 살펴보면 그런 역할들이 필요
하고 또 가능하기 위한 전제조건들이 있음을 알 수 있다. 첫째, 감정은 주어진
자극이 가진 가치와 중요성에 대한 평가를 포함하기 때문에, 자기 자신에 대한
기초적인 모형, 혹은 원초적 자아(proto-self model)를 가져야한다. 로봇이 인간
이 가는 것과 같은 자아나 자의식을 가져야한다는 말이 아니다. 어떤 것이 "자
신에게" 해가 되는지 도움이 되는지 평가할 수 있어야한다는 뜻이다. 포유류
나 파충류는 물론이고 곤충도 해로운 자극은 피하고 유익한 자극은 얻으려한
다. 곤충이 자아 개념이나 자의식을 가진다고 볼 수 없지만, 원초적인 자아 모
형을 가진 것으로 볼 수 있다. 이와 연관하여, 감정을 가진 개체는 기본적인
충동이나 욕구를 가진다고 전제된다. 동물은 목마름, 배고픔, 피로감 등의 본
능을 가지는데, 이런 본능이 없다면 감정도 없다.[9] 둘째, 앞서 논의된 감정의

---

9) 로봇공학자들도 이와 같은 사실을 모르지 않는다. 그들은 적절한 시기에 원하는 자극과 입력을
적절한 양과 강도로 받고자 하는 기본적인 동기를 로봇 안에 장착하고자 한다. 키즈멧의 경우,
사회적 충동(the social drive), 자극 충동(the stimulation drive), 피로 충동(the fatigue drive)을 내장
하며, AIBO는 성애욕, 탐색욕, 운동욕, 충전욕의 4개 본능을 구현했다.

여러 기능적 역할들은 감정을 가진 개체가 상당한 수준의 감각 능력과 일반 지능(general intelligence)을 가지고 있음을 전제하고 있다. 환경에서 주어지는 자극을 지각하고 그로부터 얻은 정보와 개체 내의 상태에 대한 정보를 결합할 수 있는 능력이 없다면, 감정은 불가능하다. 감정은 지능적인 동물에게서 나타나며, 더 지능적일수록 더 풍부한 감정을 나타내는 경향이 있음을 기억할 필요가 있다. 지능과 감정은 한 인지 구조 내에서 상호작용하는 두 가지 하부 시스템이다. 따라서 인간과 사회적으로 상호작용하기 위해 인간(혹은 반려 동물)이 가지는 것과 같은 감정을 가지려면, 로봇은 인간이나 고등 동물 이상의 일반 지능을 가지고, 생명체들이 가진 신체와 유사한 신체를 가지며, 생명체가 흔히 처하는 것처럼 복잡하고 예측 불가능한 환경에 놓여 적응할 수 있어야한다. 복잡한 환경에 적응적으로 행위할 수 있는 일반 지능을 가진 인공 지능에 도달하는 길은 아직 멀다. 진정한 감정 로봇을 현실적으로 구현하기란 어렵다.

인공 감정이 현실적이지 않은 또 다른 이유는 기술 발전의 궤적이 사회적 배경 안에서만 결정된다는 점에서 찾을 수 있다. 원리적으로 가능한 모든 기술이 현실화되는 것은 아니다. 기술의 실현가능성에 관한 판단은 단순히 서술적이지 않다. 그것은 처방적이기도 하다. 설령 기술적으로 충분히 가능성이 있더라도, 시장에 충분한 수요가 없거나, 해당 기술에 대한 사회문화적 저항이 크거나, 그 기술에 이해관심을 가진 사람들에게 충분한 설득력을 보여주지 못한다면, 그 기술은 개발되지 않을 것이다. 기술 발전은 기술 자체의 논리만으로 결정되지 않는다.(Pinch and Bijker 1987; Noble 1984; Winner 1986/2010) 따라서 우리가 진정한 인공 감정을 원하는지 물어야한다. 나는 사람들이 감정 로봇을 원하는 이유가 과장되어 있거나, 실제로는 진정한 감정을 가진 로봇을 만들어야할 좋은 이유가 없음을 보이고자 한다.

첫째, 로봇이 스스로 감정을 가진다고 해서 미래의 로봇이 더 안전해질 것이라고 장담할 수 없다. 우리 인간이 동물의 감정을 배려하지 않는 것처럼, 인공초지능이 인간의 감정을 이해하고 배려하지 않는다면, 미래 로봇이 더 안전해질 것으로 기대할 수 없다. 게다가, 우리는 감정에는 명암이 있음을 직시해야한다. 어떤 감정에 휩싸여 상황을 냉철히 판단하는 못하는 경우를 우리는 가끔 경험한다. 예컨대, 공포에 휩싸인 사람은 주어진 상황의 위험을 과대평가하며, 그런 상태가 지속되면 사람들 사이의 합리적 대화마저 불가능하게 만들 수 있다. 인간은 폭력적 행위에서 쾌감을 느끼기도 한다. 인간의 가장 큰 적은 인간이었음을 기억해야한다. 인간들 사이에서 벌어진 끔찍한 전쟁들, 살인사건들, 모욕적인 언사와 행위들을 인간이 감정을 가졌기에 혹은 감정을 가졌음에도 불구하고 벌어졌다. 인간과 같은 감정을 가졌다고 해서 로봇이 인간에게 더 친절한(human-friendly) 존재가 되리라 기대하기는 어렵다.

둘째, 진정한 감정을 소유한 로봇이 애초에 우리가 로봇을 만드는 목적에 부합하는지 의문이다. 어원으로 보면, 로봇은 인간의 고되고 번거로운 노동을 대신하기 위한 기계를 뜻하며, 일종의 인공물 노예이다. 그런데 미래 로봇이 감정을 가지게 되었음에도 단지 그것이 인공물이라는 이유로 노예처럼 부린다면, 감정을 느끼는 존재에 대한 노동 착취라는 비난이 생겨날 수 있다. 감정의 소유 여부는 로봇의 노동을 도덕적 차원에서 고려하도록 만든다. 예컨대, 돌봄 로봇에게 우리는 감정 노동을 강요하는 것일지도 모른다. 로봇에게 인권이나 동물권과 유사한 로봇권(robot right)을 부여해야한다는 목소리가 제기될 수 있다. 우리는 권리를 가진 주체로서의 로봇을 원하는가, 아니면 시키는 일을 똑똑하게 처리하는 노예로서의 로봇을 원하는가? 뿐만 아니라, 인간이 로봇에게 신체적으로나 심리적으로 고된 노동을 강제하려고 해도, 감정을 가진 로봇을 통제하기란 쉽지 않을 것이다. 로봇이라고 해서 아무도 거주하지 않는 텅 빈 우주 속으로, 혹은 노심이 녹아내리는 원자로 속으로 들어가고 싶지는 않을 것이다. 우리는 비장한 마음으로 조국을 위해 헌신하는 로봇을 보고 싶은가, 아니면 감정을 느끼지는 못하지만 위험한 상황에서도 과제를 수행할 수 있는 로봇을 원하는가?

셋째, 인간이 경험하는 풍부한 감정을 로봇에 불어넣는 것이 비현실적이라면, 우리는 어려운 선택에 직면하게 된다. 어떤 감정은 로봇에게 허용하고 몇몇 감정은 억제해야할 것이기 때문이다. 예컨대, 사용자에게 충실하고 예의바르며, 사용자의 감정에 공감하여 재치있는 비평을 할 줄 알고, 때로는 넋두리를 늘어놓을 수 있다면 좋을 것이다. 로봇에게 긍정적인 감정이 풍부하면 좋다는 생각은 그럴듯해 보인다. 그러나 로봇에게 얼마만큼의 부정적인 감정을 넣어주어야 할지 결정하기란 어렵다. 로봇에게도 분노, 공포, 슬픔, 역겨움, 수치,

모욕감, 당황스러움의 감정이 필요할까? 이 질문에 답하기 어려운 것은 두 가지 이유가 있다. 하나는 로봇에게 그런 감정이 내재되어 있지 않다면, 사용자가 그러한 부정적 감정을 느낄 때 제대로 공감해줄 수 있을지 의문스럽기 때문이다. 인간과 인간적인 방식으로 교감하는 로봇을 원한다면, 로봇은 부정적 감정도 가져야할 것이다. 그런 감정을 소유하지 않는다면, 인간의 부정적 감정을 이해하지 못하거나 아니면 이해하는 척 해야한다.10) 다른 하나는 부정적 감정도 나름의 역할이 있음을 우리가 알고 있기 때문이다. 우리는 부정적 감정이 인지 능력의 어떤 면을 강화한다는 사실을 이미 살펴보았다. 뿐만 아니라, 슬픔을 느낄 수 없는 존재가 기쁨을 온전히 누리거나, 수치를 모르면서 자부심을 느끼는 것은 어려워 보인다.11)

요컨대, 로봇이 감정을 가지기 위한 전제조건들을 만족하기 어렵기에 가까운 미래에 인공 감정이 현실화되기는 어려울 것이고, 설사 그것이 기술적으로 가능하다고 하더라도 진정한 감정을 가진 로봇을 인류가 원하는지에 관해서는 의문의 여지가 많다. 따라서 나는 인공 감정이 근미래에 실현될 가능성은 낮다고 본다.

---

10) 탁월한 과학자이자 미래학자인 카쿠(Michio Kaku)는 로봇에게 분노의 감정은 제거되거나 통제되어야 한다고 주장한다. 분노는 상대를 향한 강한 부정적 감정이기에, 분노의 상대에게 위험한 상황이 초래될 수도 있다. 우리는 자신의 밥그릇을 뺏기고 모욕당하고 억울하고 원하는 바를 얻지 못하고 좌절할 때 화를 낸다. 분노는 우리의 자원을 총동원하고 에너지를 집중하도록 만든다. 응당 분노해야할 상황에서 분노할 수 없는 개체는 무력감이나 우울감을 경험하게 된다. 우리는 화를 내야할 상황에서도 화내지 않는 바보 혹은 우울한 로봇을 원하는가? 어떤 사용자가 집에 돌아와 자신이 화났던 일을 로봇에게 말해준다고 하자. 그 감정에 공감하기 위해 로봇은 어떻게 해야 할까?

11) 이러한 문제를 다루는 한 가지 방법은 모든 감정을 경험하게 하되 그것을 행동으로 옮기지 못하도록 만드는 것이다. 사용자의 분노에 공감하고 그 자신도 화낼 줄 알지만, 그것을 실행에 옮기지 못하게 하거나 신체 능력이나 이동성 자체를 약화하는 것이다. 이는 결국 감정이란 개체가 가진 지적 역량과 이동성을 포함한 신체적 능력과 균형을 이루도록 생성되는 것임을 시사한다.

5. 일방적 감정 소통의 위험성에 대비하기

진정한 인공 감정의 실현가능성이 낮다는 주장이 현 시점에서 최종적인 결론일 수 없다. 감정을 내적으로 가지는 로봇이 아니더라도, 사람과 교감하는 사회적 서비스 로봇이 가져올 문제에 대한 진지한 성찰이 요청된다. 이것은 미래의 문제가 아니라 지금의 문제이다. 사교 로봇(social/sociable robots)은 산업용 로봇이나 컴퓨터, 또는 다른 가전제품과는 다르게 취급된다는 점에 주목해야 한다. 공장 내에서만 작동하는 산업용 로봇과 달리 사교 로봇은 폭넓은 환경에서 작동하도록 설계되고, 그것의 외양은 인간이나 동물을 닮도록 제작된다. 산업용 로봇이 특정한 과제를 수행하기 위해 프로그램된 반면, 사교 로봇은 일부 개방성을 갖는다. 사교 로봇은 제한된 범위 내에서 이동도 가능하고 행동 출력을 갖는다는 점에서 이동성이 없는 컴퓨터나 산업용 로봇과는 다르며, 일정 수준의 자율성을 갖는다는 점에서 독특하다. 이 모든 특성이 진정한 감정의 소유를 전제하지 않는다는 점이 중요하다. 사람들은 이러한 특성을 가진 인공물의 행동을 해석하기 위해 의도 등의 심성 상태를 부여하기 쉽다. 인간의 감시나 개입 없이 과제를 수행하는 로봇을 인간은 자율적인 존재로 인식할 가능성이 높으며,[12] 그럴수록 더 인간처럼 느끼고 의인화하기도 쉽다.[13]

감정 표현을 할 줄 아는 로봇이 인간 행동에 어떤 영향을 끼칠 수 있는지 보여주는 실험들 가운데 하나만 소개하자. 로봇과 팀을 이루어 과제를 수행하게 한 어떤 연구에서, 로봇은 자율적으로 판단하지 않고 인간의 명령을 따르도록 했다. 한 조건("감정" 조건)에서는 로봇이 긴박함을 소리로 표현하거나 인간이 받는 스트레스를 감지해 그에 알맞은 대응을 하도록 했고, 다른 조건("비감정" 조건)에서는 로봇의 소리에 변화를 주지 않았다. 실험참여자들은 둘 중

---

[12] 지금 문제는 로봇이 객관적인 의미에서 얼마나 자율적인가 하는 것이 아니라 인간이 로봇의 자율성을 어떻게 혹은 어느 정도로 인식하는가, 그리고 그런 인식이 인간 행동에 어떠한 영향을 미치는가 하는 것이다. 로봇의 자율성을 측정하는 몇몇 변수들에 관해서는 Huang (2004)를 참조.

[13] 로봇이 인간과 같은 의미에서 자율적이라고 주장하는 것이 아니다. 로봇이 스스로 행동의 준칙을 결정하고 그에 따른다는 의미나, 자신의 행동에 책임을 져야하고 또 지려고 한다는 의미에서 자율성을 가진다는 뜻이 아니다. 다만, 인간의 직접적인 개입 없이도 일정 수준에서 로봇은 환경을 인식하고 상황을 판단하고 행동을 출력할 수 있음을 의미한다.

한 조건에만 참여했고, 연구팀은 두 조건에 참여한 사람들의 행동을 서로 비교했다. 그 결과, 로봇에게 소리를 통한 감정 표현을 허용한 경우 팀의 과제수행능력이 그렇지 않은 팀에 비해 객관적 지표상으로 더 높게 나타났다. 또한, 감정 조건에 참여한 사람들은 실험 전과 비교에서 로봇에 대한 호감도가 높아지고, 로봇이 감정을 가져야한다는 생각을 조금 더 많이 하게 되었다.(Scheutz et al. 2007)

사람들은 사교 로봇에 애착을 느끼거나 교감한다고 생각하는 경향이 있다. 사교 로봇은 다른 인공물들과 달리 취급된다. 사람들은 그것들에 이름을 붙여준 후 이름을 자주 불러주고, 사진을 찍어 공유하거나 가족들과 친구들에게 소개해주기도 한다. 군사로봇과 함께 전장을 누빈 군인들은 로봇에게 계급을 붙이고 승진시켜주기도 한다. AIBO를 키웠던 여성 사용자의 경우, 로봇이 지켜본다고 느껴서 욕실에서 옷을 벗을 때 문을 닫는다. 이 같은 경향은 일반인뿐 아니라 로봇을 제작하는 전문가에게서도 나타난다. 로봇공학자는 로봇에게 감정이 실제로 존재한다고 믿지 않지만 그것에 상당한 정서적 애착을 가진다. 키즈멧을 만들었던 브리질(Cynthia Breazeal) 박사는 박사학위를 했던 MIT 연구실을 떠나면서 키즈멧과 떨어져야하는 상황에 직면해 감정의 동요를 느꼈던 것으로 알려져있다.

사교 로봇을 쉽게 인격화하면서 감정을 무의식적으로 부여하는 이런 현상을 감정의 탈인용부호 현상이라 부를 수 있다. 사람들의 명시적 믿음 체계 속에서 로봇의 "감정"은 따옴표 속에 있지만, 실제 행동에서는 그 따옴표가 쉽게 사라지기 때문이다. 이로 인해 사람들은 로봇에 대해 일방적인 정서적 유대감을 가질 수 있다. 상대는 감정을 실제로 가진 존재가 아닌데도 우리는 그것을 의인화해 감정을 가진 존재처럼 대하기 때문에 여러 문제들이 생겨날 수 있다.

사교 로봇에 대한 심리적 의존으로 인해, 사용자가 조종되거나 착취당할 가능성이 존재한다. 예컨대, 정서적 유대를 맺고 있는 로봇이 사용자에게 무언가를 요구한다면 사용자는 그에 부응해 요구를 들어줄 가능성이 높다. 만일 로봇강아지가 집을 지키던 반려견을 가리키면서 "제발 그 개를 없애주세요. 너무무서워서 견딜 수가 없어요."라고 말한다면, 사용자는 심각한 고민에 빠질 수도 있다. 사교 로봇을 제작하는 기업이나 로봇의 제작과 유통에 관련된 일군의 사람들이 로봇과 맺는 정서적 유대를 이용해 사용자를 착취할 가능성이 있다. 로봇을 이용해 회사가 출시하는 새로운 제품을 구매하도록 설득하거나 유도하는 것이 가능하다. 특히, 돌봄 로봇의 주된 대상 가운데 이런 문제를 더 심화될 수 있다.

사람들이 로봇에게 일방적인 정서적 유대감을 형성하도록 로봇을 설계, 제작하기란 그리 어렵지 않다는 데 문제의 심각성이 있다. AIBO의 경우 겉모습이 강아지와 닮았고, 꼬리를 흔들거나 짓는 등 몇 가지 행동을 흉내내는 것뿐이지만 AIBO 소유자들이 그것에 보여준 애착은 반려견에 못지 않았다. 보스턴 다이나믹스가 제작한 로봇 스팟(Spot)은 사족 보행이 가능한 로봇으로 계단이나 산악 지형을 포함해 다양한 지역을 정찰할 수 있다. 회사가 유튜브에 게시한 홍보 영상에서 한 연구자는 로봇을 힘껏 걷어차는데, 로봇은 균형을 잃고 엉거주춤하다가 다시 네 발로 균형을 잡는다. 그런데 이 영상 밑에 달린 많은 댓글들은 마치 실제 강아지가 불쌍하게도 걷어차인 것처럼 반응했다. 심지어, 로봇 청소기 룸바의 경우 사교 로봇으로 분류하기도 어렵고 동물을 닮은 것도 아님에도 불구하고, 아마도 그것이 보여주는 자율적 움직임 덕분에 사람들은 룸바에 감사하는 마음을 느끼는 것으로 나타났다. 물론 룸바가 사람을 알아볼 수 있는 것도 아니다.

한편, 로봇 산업계는 사교 로봇의 인격화를 부추기고 있는 것처럼 보인다. 자신들이 제작하고 판매하는 로봇이 얼마나 실제적인지 강조하기 위해 "배고파", "엄마, 사랑해요", "진짜 우리 아기" 등의 단순한 문구들을 사용하고 있다. 때로는 페이스북 페이지(iRobot's PackBot)를 개설해 마치 그것이 어떤 상황들을 경험하고 있는 것처럼 일인칭의 관점에서 소식을 전하기도 한다. 사교 로봇이 "가족 구성원"으로 대우받는다는 관점은 이제 흔한 일이 되었다.

사람들에게 로봇이 의식을 가지는지, 인격체이거나 동물인지, 도덕적 행위자로 볼 수 있는지 등을 묻는다면, 대부분 부정적인 답을 내놓을 것이다. 탈인용부호 현상은 사람들의 행동이 무의식적 차원에서 깊은 영향을 받고 있음을 말해준다. 인류는 사회적 동물이고 타자들과의 사회적 상호작용이 유전자 깊숙이 각인되어 있다. 우리는 단순히 물리적으로 설명되지 않는 현상을 만날 때, 그 대상의 심성 상태, 믿음, 욕구, 의도 등에 대해 자동적으로 추론하는 경향이 있다. 특히, 유아들의 경우 그런 태도가 적용되는 대상의 범위가 넓다. 지금의 유아들은 로봇과 함께 교감하는 것을 자연스레 체득하는 첫 세대가 될 가능성이 있다.

미래 로봇은 더욱 정교해질 것이다. 현재의 조야한 로봇에 대해서도 사람들은 쉽게 의인화하는 경향이 있는데, 앞으로 로봇을 인격화하는 정도는 더욱 심화될 것이다. 미래 로봇은 더욱 인간과 닮은 외양을 갖추게 될 것이고, 자연언어를 통해 매끄럽게 상호작용할 것이며, 인간 얼굴의 미세한 근육의 움직임까지 포착해 표정을 읽어내고 자연스러운 감정 표현을 보여줄 것이다. 인간이 사교 로봇을 더 신뢰하고 더 깊은 감정적 유대감을 형성할수록, 속임수나 조종의 가능성도 커진다. 로봇에 대한 사람들의 신뢰감이 더 커지게 되면, 사람들의 솔직한 답변을 신빙성있게 청취해야 하는 경우 (예컨대, 현재 여론조사원이나 교사, 상담사 등이 하는 일에 대해) 로봇에게 그 일을 맡기거나, 물건을 판매하기 위해 로봇 판매원을 고용하는 것도 시간문제일 것이다. 결국에는 인간이 로봇과 맺는 관계가 일방적이라는 사실조차 깨닫기 점점 더 어려워질 수도 있다.

사교 로봇이 인간을 덜 외롭게 해줄 수 있을지도 의문이다. 복잡하게 얽힌 대인 관계에 지쳐있거나 혼자서 많은 시간을 보내는 사람들에게 감정 로봇과 맺는 정서적 유대감은 분명 긍정적으로 기능할 것이다. 그것은 친구나 가족 관계를 보완할 수 있다. 대하기 쉽지 않고 불편한 다른 사람들보다 나에게 공감해주는 로봇과 깊은 관계를 형성하는 사람들도 다수 생겨날 수 있다. 기계에 더 많이 의존하고 사람과의 대면 접촉을 피한다면, 결국 우리는 "함께 외로울" 뿐이다. 예를 들어, 영화 그녀(Her)에서 남자주인공 테오도르는 아내의 미묘한 성격에 맞추는 것이 영 불편하고, 오히려 자신에게 모두 맞추어주는 운영체계 사만다에게 더 깊은 애착을 느끼게 된다. 이 분야에 대한 심리학적 연구를 오랫동안 수행해온 MIT의 셰리 터클은 쌍방향의 친구 맺기를 요구하지 않는 교류란 환상일 수 있음을 잘 보여준다.(Turkle 2010)

맥카시(McCarthy 1999)는 인간과 같은 로봇을 생산하면 생길 수 있는 잠재적 위험을 지적한 바 있다. 감정을 가진 로봇을 들여오기에 이미 인간 사회는 충분히 복잡하다. 그렇다고 해서 감정 로봇의 연구 및 개발을 전면적으로 중단하자는 주장은 가능하지도 바람직하지도 않다. 전면적인 모라토리엄 선언은 앞서 언급된 몇몇 문제들을 해결하는 데 도움이 될 수 있겠지만, 다른 인공 지능 및 로봇 기술을 연구하면서 사교 로봇 연구만을 중단한다는 것은 현실적이지 않다.

한 가지 방안은 담뱃갑에 경고 문구를 붙여 담배의 위해성을 경고하듯, 로봇이 작동할 때마다 그것의 외양이나 특정 행동을 통해 로봇은 실제로 감정을 가진 것이 아니며 로봇의 정서적 행동은 인간이 감정을 가지고 행위하는 것과 동일하지 않음을 알려주도록 로봇을 설계하는 것이다. 이렇게 하면 사람들이 자연스럽게 의인화하는 경향을 막을 수는 없겠지만 경감시킬 수는 있을 것이다. 그러나 감정 로봇의 목적이 믿을만하고 자연스럽게 사람들과 인간적인 방식으로 의사소통하는 것인데, 그런 목적을 훼손하지 않으면서 바라는 효과를 얻을 수 있을지는 의문이다.

로봇이 정말로 인간과 같은 감정이나 느낌을 갖도록 만들 수 있다면, 적어도 다른 인간에게 당하는 것 이외의 방식으로 우리가 로봇에게 조종당하지는 않을 것이다. 물론 우리가 전혀 기만당하지 않을 것이라는 뜻은 아니다. 사람들은 서로 속고 속이며, 서로를 이용한다. 그러나 만일 로봇이 진정한 감정을 갖는다면, 인간이 다른 인간을 속이는 방식과 다른 방식으로 우리가 로봇에게 기만당하는 일은 없을지 모른다. 그러나 진정한 인공 감정을 제작하기란 현실적으로 어렵다.

상품화되는 모든 감정 로봇에 도덕적 추론을 내장하도록 제도화하는 것도 한 가지 가능한 대응 방안이다. 그러나 이러한 방안에는 언제나 그렇듯이 "어떻게"의 문제가 따라온다. 도덕적 추론 능력을 장착하기 위해, 도덕적 원리를 집어넣어야하는지 아니면 경험으로부터 배울 수 있도록 해야 하는지, 만일 원리를 넣어주어야 한다면 어떤 원리가 일차적으로 입력되어야하는지, 그리고 로봇 내에서 그런 원리들을 작동시켜 실시간으로 반응하게 만드는 것이 가능한지 논의가 필요하다. 우리는 잘 알려진 아시모프의 세 법칙이 실제로 구현되기 어렵다는 사실을 잘 알고 있다.(고인석 2011) 그러한 난점을 피해, 일방적인 감정 소통이라는 특성으로 인해 우리가 감정 로봇에게 기만당하지 않도록 로봇 안에 일정한 장치를 마련할 수 있는지 검토해야한다.

6. 결론을 대신하여

인간이 경험하는 풍부한 감정들로 인해 우리는 인간다운 삶을 살아간다. 그러나 인공 감정이나 감정 로봇은 논리적 모순이 아니다. 로봇과 같은 인공물이 언젠가는 지능뿐 아니라 감정을 가질 수 있는 가능성을 원천적으로 배제할 필요는 없을 것이다. 만일 인간 수준의 혹은 인간의 지적 능력을 초월하는 지능을 가진 인공물이 어떤 종류의 심성 상태를 가질 수 있다면, 그것이 감정까지도 소유할 가능성에 관한 논의는 단지 허튼소리는 아닐 것이다. 그러나 어떤 대상이 감정을 소유한다고 판단하기 위해서는 까다로운 조건들이 충족되어야 한다. 복잡하고 때로는 적대적인 환경에서 자신에게 주어진 자극이 자신의 생존과 항상성 유지에 어떤 가치를 가지는지 평가하여 적응적으로 행위할 수 있는 행위자만이 감정을 소유하기 위한 기본적인 조건을 갖추었다고 볼 수 있다. 인공지능이 단지 사람의 감정 표현을 인식하고 흉내내는 것을 넘어 진짜 감정을 가진 존재로 진화하려면 어쩌면 유기체와 같은 신체를 소유해야할지도 모르겠다. 우리가 그러한 인공지능을 원하는지 나로서는 확신할 수 없다. 그러나 먼 미래에 발생할지도 모르는 진정한 인공 감정을 논의하기 앞서, 감정 로봇과의 일방적 정서적 교감이 가져올 수 있는 잠재적 위험을 예상하고 이에 대비하는 것이 필요하다.

참고문헌

고인석. 2011. 「아시모프의 로봇 3법칙 다시 보기」. 『철학연구』 93:97-120.

김평수. 2016. 「인간과 교감하는 감성로봇 관련 기술 및 개발 동향」. 『정보와 통신』 33(8): 19-27.

랭던 위너. 손화철 옮김. 2010. 『길을 묻는 테크놀로지』. 서울:CIR.

박천수, 류정우, 손주찬. 2008. 「로봇과 감성」. 『정보과학회지』 26(1): 63-69.

빌라야누르 라마찬드란. 이충 옮김. 2016. 『뇌는 어떻게 세상을 보는가』. 서울:바다출판사.

안호석, 최진영. 2007. 「감정 기반 로봇의 연구 동향」. 『제어로봇시스템학회지』 13(3): 19-27.

이동욱, 김홍석, 이호길. 2008. 「감성교감형 로봇 연구동향」. 『정보과학회지』 26(4): 65-72.

이원형, 박정우, 김우현, 이희승, 정명진. 2014. 「사람과 로봇의 사회적 상호작용을 위한 로봇의 가치효용성 기반 동기-감정 생성 모델」. 『제어로봇시스템학회 논문지』 20(5): 503-512.

이찬종. 2009. 「로봇의 감정 인식」. 『로봇과 인간』 6(3): 16-19.

천현득. 2008. 「감정은 자연종인가: 감정의 자연종 지위 논쟁과 감정 제거주의」. 『철학사상』 27: 317-346.

Bijker, Wiebe E., Thomas P. Hughes, and Trevor Pinch. 1987. *The Social Construction of Technological Systems: New Directions in the Sociology and History of Technology.* Cambridge, Mass.: MIT Press.

Boden, Margaret A. 1990. *The Philosophy of Artificial Intelligence.* New York: Oxford University Press.

Bostrom, Nick. 2014. Superintelligence: *Paths, Dangers, Strategies.* Oxford: Oxford University Press.

Breazeal, Cynthia, and Rodney Brooks. 2005. "Robot emotion: A functional perspective." In Fellous, Jean-Marc, and Michael A Arbib (2005)

Damasio, Antonio R. 1994. *Descartes' Error: Emotion, Reason, and the Human*

Brain. New York: Putnam.

Fellous, Jean-Marc, and Michael A Arbib. 2005. *Who Needs Emotions?: The Brain Meets the Robot.* New York: Oxford University Press.

Frankish, Keith, and William M. Ramsey, eds. 2014. *The Cambridge Handbook of Artificial Intelligence.* New York: Cambridge University Press.

Hindi Attar, Catherine, and Matthias M. Müller. 2012. "Selective Attention to Task-Irrelevant Emotional Distractors Is Unaffected by the Perceptual Load Associated with a Foreground Task." *PLOS ONE* **7** (5):e37186.

Kaku, Michio. 2014. *The Future of the Mind: the Scientific Quest to Understand, Enhance, and Empower the Mind.* New York: Doubleday.

Kuhn, Thomas S. 1957. *The Copernican Revolution: Planetary Astronomy in the Development of Western Thought.* Cambridge, Mass.: Harvard University Press.

Kurzweil, Ray. 2005. *The Singularity is Near: When Humans Transcend Biology.* New York: Viking.

McCarthy, John. 1995. "Making Robots Conscious of Their Mental States." Machine Intelligence 15.

Megill, Jason. 2014. "Emotion, Cognition and Artificial Intelligence." *Minds and Machines* 24:189-199.

Minsky, Marvin. 1986. *The Society of Mind.* New York: Simon and Schuster.

Noble, David F. 1984. *Forces of Production: A Social History of Industrial Automation.* New York: Oxford University Press.

Pinch, Trevor and Wiebe E. Bijker. 1987. "The Social Construction of Facts and Artifacts: Or How the Sociology of Science and the Sociology of Technology Might Benefit Each Other." In W. E. Bijker, T. P. Hughes, and T. Pinch, eds, (1987)

Pessoa, Luiz, and Leslie Ungerleider. 2004. "Neuroimaging studies of attention and the processing of emotion-laden stimuli." *Progress in Brain Research* 144:171-82.

Russell, Stuart J., and Peter Norvig. 2010. *Artificial Intelligence: a Modern Approach.* 3rd ed, Upper Saddle River, N.J.: Prentice Hall.

Scheutz, Matthias, Paul Schermerhorn, James Kramer, and David Anderson. 2007. "First steps toward natural human-like HRI." *Autonomous Robots* 22 (4):411-423.

Searle, John R. 1992. *The rediscovery of the mind, Representation and mind.* Cambridge, Mass.: MIT Press.

Turkle, Sherry. 2011. *Alone Together: Why we expect more from technology and less from each other.* New York: Basic Books.

Waytz, Adam, and Michael Norton. 2014. "How to Make Robots Seem Less Creepy", *The Wall Street Journal*, June 1, 2014.

요즈음 '4차 산업혁명'에 대하여 과학기술정책, 경제, 사회학, 철학 등 학계 및 언론, 방송계에서 열띤 토론과 관심을 끌고 있다. '산업혁명'을 기술의 변화에 따르는 사회, 제도의 큰 변화로 간주할 때, '4차 산업혁명'의 기술 변화는 IT와 제조기술, 문화기술 등의 '융합'으로 만들어지는 기술의 등장에 따르는 사회, 제도, 인간 삶의 커다란 변화라고 생각할 수 있겠다.

　근현대 과학의 발전에 어울리는 과학적 철학의 유물론적 세계관, 인간관은 철학자들만의 관심사 그리고 일부 과학자들의 발견적 지침으로만이 아니라 포스트모던 작금에는 머지않아 그러한 바탕관념에 기반한 결과물의 하나인 인조인간과 자연인간이 경쟁 또는 조화로운 삶을 영위할 것이라 내다보고 있다. 그러한 미래가 우리에게 행복을 줄 것인지 불행을 주고 말 것인지에 대해서도 실질적인 토론 주제로 자리 잡고 있다.

　한편, 우리 삶의 행복을 일부 담당하는 종교가 우리 사회에서 가치 있는 역할을 수행하고 있다는 것도 엄연한 사실이다. 그리고 기독교, 천주교 등은 서양 중세의 세계관, 인간관을 바탕관념으로 삼고 있다. 그렇다면 그러한 신앙생활을 하고 있는 사람들은 근현대 그리고 포스트모던 시대에 걸맞은 세계관, 인간관, 즉 유물론적 그것들과 부조화를 이룰 수밖에 없는 것인가? 겉으로 보기에 서로 조화로울 수 없는 것으로 보이는 이것들을 조화롭게 할 수 있는 사실에 근거한 방책, 다시 말해, 유물론적 바탕관념을 가지고도 종교, 예술, 윤리 등의 문화 영역을 향유할 수는 없을까? 이 문제들에 대한 논의를 다음 장에서 본격적으로 다루어 보고자 한다.

CHAPTER

06

오늘날 세계관·인간관과
다른 문화와의 관계

가. 종교와의 관계

작금, 즉 첨단 과학기술시대에 걸맞은 세계관·인간관은 '유물론적 세계관·인간관'이다. 존재를 크게 '물질적'인 것과 '정신적'인 것으로 구분한다 할지라도 정신적인 것은 물질적인 것에 '수반'되거나 '환원'되는 것이다. 정신적인 것은 물질적인 것에 기초할 수밖에 없다: 나의 육체, 두뇌의 활동 없이 나의 정신은 홀로 존재할 수 없다: 나의 두뇌 활동이 끝나면 더 이상 나의 정신은 존재하지 않는다.

중세의 종교적 세계관·인간관은 정신적인 것을 더욱 기초적인 것으로 보았던 '관념론', '유심론'이었다. 데카르트가 '정신'과 '물질'을 두 실체로 인정하고 있지만, "나는 생각한다: 그러므로 나는 존재한다"고 할 때 '생각하는 자아'를 더욱 기초적 존재로 삼고 있다.

하지만 오늘날의 유물론적 세계관·인간관은 충분한 근거를 갖는 신념, 즉 '지식'으로까지 결론 내릴 수 없다 할지라도, 적어도 과학기술을 포함한 우리 삶의 여러 영역에 적용될 수 있는 제1철학, 즉 형이상학의 '바탕관념' 또는 과학의 '발견적 지침'으로 자리 잡고 있다.

한편, 과학기술자를 포함한 많은 사람들은 종교인이거나 종교에 친화적인 삶을 영위하고 있다. 이 경우에 그렇다면 그들은 어떤 경우에는 과학적 세계관·인간관을 갖고 살고, 다른 경우에는 종교적 세계관·인간관을 가지고 살고 있는 것인가? 그리고 그렇게 해야만 하는가?

인간 삶에 있어서 주된 덕목 중의 하나는 사실(fact), 즉 진리(truth)를 추구하고 사는 것이고, 또한 행복을 추구하는 것임을 어느 누구도 부정하지 않을 것이다. 하지만 논리학의 공리 중의 하나인 모순율을 바탕으로 이루어지는 합리적인, 즉 과학적인 삶을 추구하는 인간들에 걸맞은 사실 추구와 행복 추구의 방법은 존재하지 않을까? 과학을 실행하면서도 종교적 삶을 영위할 방도는 존재하지 않을까?

우선 먼저 다음 글을 소개한다:

> 유물론적 세계관 그리고 인간관을 함의하고 있는 생식보조기술의 하나인 '체외수정'(IVF)을 통하여 '시험관 아기'를 생산하고 있는 것은 이제 너무 흔한 일이다. 그리고 그렇게 생산되어 성장한 인간은, 신이 영혼, 즉 정신을 불어넣어 주지 않았음에도 불구하고, 자연 생산되어 성장한 인간과 다름없이 정신을 소유하고 있다는 것은 명백한 사실이다. 이 상황에서 우리는 신이 불어넣어 주고 거두어 간다는 '육체와 독립적인 실체로서의 정신'을 상정할 필요가 없는 것으로 생각된다. 왜냐하면 그러한 가정, 즉 '그러한 정신이 존재한다는 가설'이 그르다는 것이 명백히 밝혀지기가 힘들다 하더라도, 그 가설을 선택하는 것은 두 가설이 경쟁하고 있을 때 적어도 단순한 가설을 선택하는 것이 경제적으로 합리적이라는 '단순성의 원리'를 위반하고 있기 때문이다.
>
> 한편, 신만이 주관하는 독립적 실체로서의 정신을 받아들인다면 우리가 시험관 아기 생산을 시도할 필요가 있었을까? 그렇게 태어날 아기는 '정신이 없는'(mindless) 시체와 같은 존재일 것인데, 하지만 시험관 아기들은 성장하여 너무나도 우리와 똑같은 정신적 활동을 하고 있지 않은가? 이러한 사실에 대한 '최선의 설

명'(the best explanation)은 '유물론적 인간관'이 잘 제공해 주고 있다는 것을 어느 누구도 의심치 않을 것이다.[18]

과학과 같은 합리적인 맥락에서 두 가설이 경쟁할 경우 기초개념 또는 기본원리의 수가 적은 단순한 가설을 선택하는 것이 합리적이라는 '단순성의 원리'('오컴의 면도날')-진리 또는 진리근사성에는 이르지 못할지라도 경제성 의미로의 합리성은 가질 수 있다는 원리로서-에 따르면 유물론적 세계관·인간관을 선택하는 것이 보다 나은 선택이라는 것이다: 이런 맥락에서, 앞에서 이미 언급한 것처럼 과학 활동에 있어 유물론적 세계관·인간관을 인식론적 원리-진리성 또는 진리근사성을 확보하는 원리-로서는 아닐지라도, 실용적 의미를 지니는 발견적 지침으로서는 받아들이고 있는 것이 현실이다.

한편, 종교적 세계관·인간관에서 상정하고 있는 '신' 또는 유심론 바탕 없이 생식보조기술의 하나인 시험관 아기로 태어나 성장한 인간도 정신적 활동을 잘하고 있는 사실을 유물론이 아주 잘 걸맞은 '최선의(the best) 설명'이라는 것이다. '최선의 설명으로의 추리'(Inference to the Best Explanation)-어떤 사실에 대한 최선의 설명가설이 '옳다'거나 '옳음 직하다'고 믿는 추리-가 정당하다고 볼 수는 없지만, 최선의 설명이 그 가설이 '옳음 직하다'고 믿는 것에 대한 (충분하지는 않지만) '약한' 증거라는 생각[19]에 따르면, 유물론이 유심론보다 더 낫다고 생각된다. 사실과 진리를 추구하는 것을 덕목으로 여기는 삶의 맥락, 즉 과학, 지식, 인식론적 맥락에서는 유물론적

<hr>

18) 정광수(2011), pp.178-179.
19) 이 주장에 대한 더 자세한 논의는 정광수(2014), 『과학적 실재론』, 2부 1장 '최선의 설명으로의 추리'에 기초한 과학적 실재론의 정당화; 2장 '최선의 설명으로의 추리'에 기초한 정당화에 대한 비판에서 자세히 다루었다.

세계관·인간관이 유심론에 비해 이 정도의 우위를 점할 수 있겠다.

무신론자는 지금까지의 생각과 부조화를 이루지 않는 것으로 생각된다. 그런데 과학기술자로서 본인의 작업을 수행하면서도 신을 믿고 의지하는 종교인으로서 살 방도는 없는 것일까? 이것에 대한 답변의 힌트를 도덕의 형이상학적 원리를 탐구했던 칸트로부터 얻을 수 있을 것 같다.

우리 삶이 사실, 진리를 추구하는 것 못지않게 도덕적으로 선하고 올바르게 사는 것도 주요 덕목 중의 하나일 것이다. 악하고 올바르지 않게 살면 사후에 심판, 즉 벌을 받아 지옥에서 큰 고생을 할 것이라는 충고가 이 맥락에 효과적으로 작동할 것이라는 생각 아래, 즉 우리들을 이 큼직한 불행을 피할 수 있고 도덕적으로 선하고 올바르게 살 수 있도록 그러한 것을 주재하는 '신'을 우리는 '요청'할 필요가 있다고 칸트는 말하고 있다. 이것은 신을 믿는 종교가 갖는 우리 삶에 있어서의 순기능 중의 하나라고 여겨진다.

그리고 앞의 예시에 함의되어 있듯이 (신을 믿음으로써) 가져지는 편안한 감정은 인지 능력 향상에도 도움이 될 수 있을 것이다. 우리는 여러 다양한 맥락에서 삶을 영위하고 있다: 그 맥락들을 혼동하지 않으며 각각의 맥락에 적절한 원리를 가지고 살아가는 것이 최선이 아닐까? 물론, 바탕관념으로 과학적 세계관·인간관, 즉 유물론만을 갖고 있는 무신론자도 도덕적 삶을 살 수 있고 그 근거가 되는 원리를 가질 수 있을 것이다.

나. 과학기술과의 관계

오늘날 우리가 갖는 것이 적절하다고 생각되는 과학적 세계관·인간관, 즉 유물론적 세계관·인간관은 근대에 접어들면서 과학혁명으로부터 시작하여 현대에 들어 어마하게 발달한 물질과학, 즉 물리학과 화학 그리고 그것들의 생명과학에로의 영향에 힘입은 바가 크다는 것은 이미 앞에서 살펴보았다.

그리고 제4차 산업혁명이 화두가 되는 포스트모던 시대에는 그 세계관·인간관이 이론으로만 대접받는 것이 아니라 그것에 바탕을 둔 과학기술적 성과물들이 줄줄이 등장하고 있고 곧이어 그러한 인공물 예를 들어, 로봇, 인조인간 등과 더불어 살 세상이 얼마 남지 않았다고 내다보고 있다.

오늘날의 세계관·인간관이 자리 잡힐 초창기에는 과학이 그러한 형이상학적 바탕관념 확립에 커다란 역할을 담당했었다는 것이 사실이지만, 그렇게 확립된 바탕관념 아래 성장한 과학과 기술은 우리 삶과 사회를 혁명적으로 바꾸어 놓을 것을 의심치 않게 한다.

과학과 친숙한 과학적 철학의 입장에서 본 세계관·인간관인 유물론적 세계관·인간관은 누구보다도 먼저 과학기술의 발견적 지침으로 자리 잡아 여러 놀라운 성과를 창출하였다. 그래서 오늘날 제4차 산업혁명의 시대를 열어 놓고 있다.

요즈음 방송은 물론 학문 여러 영역에서도 제4차 산업혁명의 결과로 도래할 사회 및 우리 삶이 경제적, 정치적, 문화적 등등의 국면에서 행복을 향상시켜 줄 것인지 아니면 지금보다 더 불행을 증가시켜 놓는 결과를 낳을 것인지에 대한 관심과 논의가 뜨겁게 달아오르고 있다. 하지만 과학기술과 우리 삶의 관계에서 전자는 후자에 행복만을 선사하지도 않고 불행만을 남겨 놓지도 않는다는 것을 우리는 이미 잘 인식하고 있다. 물론 모든 결과를 예측할 수 있는 것은 아니지만 우리가 선택할 수 있는 길은 과학기술을 선용하고 오용, 남용을 최소화하는 것이 아닐까?

인공지능 연구자들과 뇌 과학자들은 서로의 연구가 쌍방 상호 간에 연구의 깊이와 폭을 넓혀 준다는 것에 동의하고 있다. 예를 들어, 뇌 과학에서의 인간 감정에 대한 연구 성과가 감성로봇의 인공감성 연구에 도움을 주고 그렇게 만들어진 감성로봇의 기능을 보며 인간 뇌 연구에 대한 깊이도 확장되고 감성로봇의 한계도 인식함과 동시에 그 로봇의 감정 향상 연구에도 도움을 받는다는 것이다.

한편, 과학기술에서의 성과가 우리 사회 여러 측면에 큰 변화를 일으킬 수밖에 없음을 인지하면서 경제학, 정치학 등 사회과학 전반에서 기초 연구가 불붙고 있다.[20] 그리고 이 주제가 함의할 수밖에 없는 '인간' 개념분석 등에 대한 문제가 인문과학과 가장 많은 관계를 맺고 있는 철학 분야에서도 다루어지고 있는데, 금년 한국 각종 철학학술대회에서 다루어지고 있다.[21]

이쯤에서 포스트휴먼 시대의 '인간' 개념과 관련을 맺는 논의를 살펴보기 위하여 다음의 <예시 2>를 살펴보는 것도 좋을 것 같다.[22]

---

20) 다보스포럼에서의 이 주제에 대한 관심사가 널리 알려지고 있고, 올해 부산에서 열린 '2017년 한국과학기술학회 전기학술대회'에도 주최자가 예상한 참석 인원보다 훨씬 많은 다양한 분야의 인적 자원들이 참석, 이 주제('4차 산업혁명과 과학기술학')에 대한 열띤 토론을 벌이고 있다.
21) 금년 '범한철학회' 그리고 '한국 과학철학회' 2017년 정기 학술대회(각각 전주, 인천에서 개최)에서의 주된 토론 주제(각각 '4차 산업혁명과 인간정체성'; '알파고 이후 인공지능의 과학철학적 쟁점들')이다.
22) <예시 2>는 『철학』126(2016.2)에 실려 있다; 이 책의 예시로 글의 사용을 허가해 줌에 감사드린다.

철학 제126집 2016년 2월
CHEOLHAK, Korean Philosophical Association
Vol.126, Feb. 2016, 157-182

http://dx.doi.org/10.18694/KJP.2016.02.126.157

포스트휴먼 시대의 인간 본성[*]

천 현 득^{**}

【주제분류】 과학기술철학, 생물철학, 생명윤리
【주요어】 인간 본성, 인간 향상, 본질주의, 법칙론적 본성, 인과적 본질주의
【요약문】 인간 향상에 찬성하거나 반대하는 여러 논의들은 인간 본성에 관한 나름의 이해를 전제로 한다. 그러나 인간 본성의 개념과 그 쓸모에 관해 심각한 도전이 존재한다. 첫째, 인간에 관해 경험적으로 알려진 사실들과 조화될 수 있는 인간 본성이란 존재하지 않는다는 생각이 팽배하다. 둘째, 그런 인간 본성의 개념이 있다고 하더라도, 인간 향상을 둘러싼 윤리적 논쟁에서 아무런 역할을 하지 않는다는 반론이 존재한다. 본 논문은 인간과학과 양립가능한 인간 본성의 개념이 가능하며, 그것이 규범적 논의에서 일정한 역할을 수행한다고 주장한다. 이를 위해, 인간 본성에 관한 전통적 입장과 현대적 대안들을 검토하고, 여러 대안들 사이의 공통점을 발굴하여 그 개념이 규범적 논의에서 어떻게 기능하는지 살펴본다.

1. 들어가기: 인간 향상과 인간 본성

인간은 기술을 통해 삶의 조건들을 개선하고, 타고난 신체적 능력과 정신적 능력을 보완해왔다. 현대인은 기술을 통해 자신의 한계를 넘어서려고 부단히 애써왔던 인류사의 끝자락에 위치한다. 오늘날 유전공학, 정보통신기술, 인지공학, 신경약물학, 로봇기술과 사이보그 기술 등은 단지 인간의 신체와 정신을 연장하고 보완하는 단순한 도구를 넘어 인간 자체를 변형시키려 하는 것 같다. 더 근본적으로 이 기술들은 객관적인 세계와 그 세계를 대상화하는 주체로서의 인간이라는 근대적 휴머니즘을 위협하고 있으며, 인간의 존재 자체에 대한

* 유익한 논평을 주신 익명의 심사자들께 감사드린다. 이 논문은 2007년 정부(교육과학기술부)의 재원으로 한국연구재단의 지원을 받아 수행된 연구임. (NRF-2007-361-AL0015)
** 이화여자대학교 이화인문과학원 조교수

새로운 이해를 요청하고 있다. 그러한 징후들은 인류 사회가 포스트휴먼 시대로의 전환기를 맞이하고 있음을 보여준다.[1]

포스트휴먼 시대에 도달하는 한 가지 방식은 기술을 통한 인간 능력의 급격한 향상이다.[2] 인간 향상(human enhancement)이란 생명공학, 인지신경기술, 나노기술, 정보통신기술 등을 통해 인간의 인지적, 정서적, 신체적 능력을 통상적 범위를 넘어서는 수준까지 향상시키는 것을 말한다. 인류가 더 오래 더 건강하게 살며, 더 똑똑해지고 더 나은 기분을 유지할 수 있다면, 그것에 반대해야 할 이유가 있을까? 그래서인지 인간 향상에 관한 많은 논의들은 유토피아적 비전으로 가득 차 있는 것 같다. 그러나 다른 한편으로는 인간 향상에 대한 저항도 만만치 않다. 많은 사람들은 인간 향상 시도에서 강한 정서적 거부감과 도덕적 불안감을 느낀다.

인간 본성(human nature)은 인간 향상에 대한 일반적인 반론에서 자주 등장하는 핵심 개념이다. 인간 본성에 대한 호소는 단지 일반인들의 상식적 목소리에만 담겨있지 않다. 향상 기술에 반대하는 생명윤리학자들과 철학자들의 체계적인 논의에서도 인간 본성은 빈번히 언급된다. 예컨대, 프랜시스 후쿠야마는 "인간 본성은 정의, 도덕성, 좋은 삶이라는 우리 개념에 본질적"이라고 단언한다.(Fukuyama 2002) 그에 따르면, 인간 향상으로 인해 인간 본성이 변화한다면, 필연적으로 올바름, 정의, 도덕성, 좋은 삶에 대한 우리의 개념들이 위협받을 것이다. 샌델은 인간 본성의 "선물로 주어진 특성"을 강조한다. 그는 생명공학에 의한 인간 향상 시도가 자유, 권리, 정의로는 포착될 수 없는 도덕적인 차원에서 문제를 가지며, "우리는 근대 세계의 관점에서 우리가 잃어버린

1) 포스트휴먼과 그와 유사 개념들에 관해 합의된 정의는 찾기 어렵다. 다만, 논의의 진행을 위해 다음과 같은 규정을 채택한다. 포스트휴먼이란 현재 인류의 생물학적 능력을 뛰어넘는 능력을 갖추어 현재 기준으로는 인간으로 분류될 수 없는 인간 이후의 존재이고, 트랜스휴먼은 포스트휴먼이 되어가는 과정에 있는 존재이다. 포스트휴먼 사회는 포스트휴먼과 함께 더불어 살아가야할 사회를 포괄적으로 지칭한다. 포스트휴머니즘과 트랜스휴머니즘에 관한 전반적인 개괄을 위해서는 신상규(2014), Hayles(1999), Bostrom(2003), Philbeck(2013) 등을 보라.
2) 인간 향상을 통해 포스트휴먼에 도달할 가능성을 긍정하는 이들을 통상 트랜스휴머니스트(transhumanist)라고 부른다. 포스트휴머니즘에 대한 이해가 반드시 트랜스휴머니즘을 통해서만 이루어져야하는 것은 아니지만, 보다 선명한 논의를 위해 이 글에서는 인간 능력의 증강 시도에 초점을 맞춘다.

물음들, 즉 자연의 도덕적 지위에 대한 물음들과 주어진 세계에 대해 인간이 취해야할 적절한 태도에 대한 물음들을 직면할 필요가 있다"고 주장한다.(Sandel 2007) 미국 부시 행정부의 생명윤리위원회 의장을 지냈던 레온 카스는 인간 복제에 반대하는 자신의 논문에서 "유성 생식은 (...) 인간의 결정, 문화, 혹은 전통에 의해서가 아니라 자연에 의해서 확립된 것이다. 유성 생식은 모든 포유류가 자식을 낳는 자연스러운 방식이다. 본성상 아이는 두 명의 상호 보완적인 생물학적 조상을 갖는다"고 썼다.(Kass 1998)[3]

인간 향상에 반대하는 생명-보수주의자들은 각기 다른 방식으로 인간 향상에 반대하지만 공통적으로 인간 본성의 개념에 호소한다. 이들이 제기하는 다양한 반론들이 공유하는 논증 구조는 거칠지만 다음과 같이 요약될 수 있다.

- 기술을 통한 인위적인 인간 향상 노력은 인간 본성을 거스르거나 인간 본성을 개조하려 한다.
- 인간 본성의 변경은 우리가 가치 있게 여기는 것들(예컨대, 인간 존엄성, 인간의 권리, 자율성, 도덕 판단을 내릴 수 있는 능력, 좋은 인격의 조건 등)을 훼손할 것이다.
- 따라서 우리는 인간을 향상시키려는 어떤 노력에도 저항해야한다.

생명-보수주의자만 인간 본성에 호소하는 것이 아니다. 인간 향상을 적극적으로 옹호하는 트랜스휴머니스트들도 인간의 본성이나 자연에 대한 나름의 이해를 전제로 한다. 예컨대, 사불레스쿠와 동료들은 운동 경기에서 향상 약물의 사용을 허용해야한다고 주장하는 한 논문에서 "더 나은 상태가 되도록 선택하는 것이 곧 인간이라는 것"(Savulescu et al., 2004)이라고 말한다. 이런 언급의 밑바탕에는 두 가지 생각이 깔려있다. 첫째, 인간종은 끊임없이 변화하고 개선의 여지가 있는 존재이고, 둘째 인간 자신을 개선하려는 희망과 노력들은 인간됨의 본질적 부분이라는 것이다.

인간 향상에 찬성하거나 반대하는 여러 논의들이 인간 본성에 관한 특정한 입장을 전제로 하지만, 인간 본성이라는 개념과 그 쓸모에 관해 심각한 도전이 존재한다.

---

3) 본성과 자연은 모두 nature의 번역어이다.

- (도전1) 인간에 관해 과학적으로 알려진 사실들과 조화될 수 있는 인간 본성의 개념이 존재하는가?
- (도전2) 만일 그런 인간 본성의 개념이 존재한다면, 그것은 인간 향상을 둘러싼 윤리적 논쟁에서 중요한 함축을 가지는가?

첫째, 많은 사람들은 인간에게 주어진 본성이란 존재하지 않는다고 주장한다. 만일 우리가 인간종에 관해 알고 있는 것과 양립할 수 있는 인간 본성이란 애당초 존재하지 않는다면, 인간 본성에 기댄 논증들은 더 이상 쓸모가 없을 것이다. 둘째, 만일 그러한 인간 본성이 존재하더라도, 규범적이거나 윤리적 차원의 논의에서 어떤 역할을 할 수 있는지 점검해보아야 한다. 몇몇 철학자들은 인간 본성이라는 개념을 올바로 이해하기만 하면, 그 개념은 인간 향상을 둘러싼 윤리적 논쟁에서 아무런 역할을 하지 않는다고 주장한다.(Lewens 2009; Buchanan 2009) 이 글에서 나는 과학적으로 존중받을만한 인간 본성의 개념이 존재하며, 그것이 규범적 차원의 논의에서도 일정한 역할을 수행할 수 있다고 주장할 것이다.

2. 인간 본성이란 무엇인가?

인간 본성에 관한 본질주의적 관점에서 논의를 시작해보자. 오늘날 이 관점을 받아들이는 사람은 별로 없지만, 이를 검토해봄으로써 우리는 인간 본성의 개념에 요구되었던 이론적 역할이 무엇이었는지 알 수 있다. 또한, 본질주의적 관점이 실패한 지점을 드러냄으로써 인간 본성에 대한 대안적 관점의 가능성을 모색해볼 수 있다.

인간 본성에 관한 본질주의적 관점은 생물종 본질주의의 특수한 사례로서 인간종(homo sapiens)에 관한 본질주의로 볼 수 있다. 이 관점에 따르면, 한 속성 집합 X = {x_1, x_2 ...}는 다음과 같은 경우 그리고 오직 그 경우에만 인간 본성을 이루고, 그 때 각 속성 x_i는 인간 본성의 일부가 된다.

(E1) 모든 인간이 그리고 오직 인간만이 속성 집합 X를 소유한다.

    (E2) 인간이 되기 위해서, 각 속성 x_i는 개별적으로 필요하고, 결합
         하여 충분하다.
    (E3) 각 속성 x_i는 내재적 속성이다.
    (E4) 속성 집합 X는 인간이 전형적으로 보여주는 특성들이 왜 생겨
         나는지 설명해준다.

    사람들에게서 발견되는 생물학적, 행동적, 심리적 특성이나 경향성 등이 인간 본성을 이루는 속성들의 후보가 된다. 조건 (E3)은 인간 본성의 일부가 될 수 있는 속성들을 내재적 속성으로 제한하기 때문에 관계적 속성은 인간 본성의 일부가 될 수 없다. 조건 (E1)은 인간 본성이 인간 사이에서 보편적으로 공유되면서 동시에 인간에게 고유한 속성들의 집합이어야한다고 말해준다. 반면, 조건 (E2)는 양상적 지위를 갖는다. 인간 본성을 이루는 각 속성은 인간이 되기 위한 필요조건이기 때문에, 인간 본성을 구성하는 속성 가운데 하나라도 소유하지 않는 어떤 존재는 인간이 될 수 없고, 또한 인간 본성을 이루는 모든 속성을 갖춘 존재자는 인간일 수밖에 없다. 조건 (E4)는 어떤 속성이 인간 본성의 일부이려면, 그것은 인간의 어떤 행동적 특징들에 대한 설명력이 있어야 한다고 요구한다.

    본질주의 관점 하에서 각 조건이 어떻게 적용되는지 보기 위해, 이성 능력이 인간 본성인지, 혹은 어떤 조건 하에서 그런지 살펴보자. 우선 이성 능력은 내재적 속성일 것이므로 조건 (E3)을 만족한다. (E1) 조건을 만족하기 위해, 모든 인간이 그리고 오직 인간만이 이성 능력을 공유해야한다. 그리고 (E2)에 의해 이성 능력을 결여한 존재는 인간일 수 없으며, 이성을 갖춘 존재는 반드시 인간이어야 한다. 이성 능력은 인간의 이러저러한 행태들, 예컨대 여러 환경에서 유연하게 대처하는 능력, 높은 수준의 의사소통 능력 등에 대한 설명을 제공할 수도 있을 것이다. 이런 조건들을 모두 만족한다면, 이성 능력은 곧 인간 본성이 된다.[4]

    인간 본성의 개념은 다양한 이론적 역할을 수행할 것으로 기대되었고

---

4) 이 단순한 사례에서 이성 능력은 인간 본성에 속하는 성질 중 유일한 원소라고 가정되었다. 만
   일 이성 능력이 인간 본성에 속하는 속성 집합의 진부분 집합이라면, 몇몇 조건들은 완화되거
   나 달라져야한다.

(Kronfelder et al. 2014, Samuels 2012), 본질주의적 인간 본성은 그러한 역할들을 잘 수행하는 것처럼 보인다. 첫째, 인간 본성은 서술적 기능을 갖는다. 우리는 인간이란 어떤 존재인지 알고자 한다. 인간 본성은 인간은 어떤 속성들을 갖는지, 인간의 행동 방식은 어떠한지 등에 관해 우리에게 알려줄 것으로 기대된다. 본질주의는 이러한 기능을 잘 수행한다. 인간 본성이 인간종의 본질적 속성 집합이라면, 인간 본성은 모든 인간이 그리고 오직 인간들만이 소유하고 있는 속성들이 무엇인지 알려주기 때문이다.

둘째, 인간 본성은 분류적 기능을 갖는다. 분류적 기능은 두 가지 수준에서 논의될 수 있다. 종(species) 수준에서 분류적 기능이란 인간종과 인간 아닌 다른 동물들 사이의 구분선을 그리는 일이다. 즉, 인간종을 다른 동물들과 구별 지어주는 것이 바로 인간 본성이다. 인간종은 인간 본성을 소유하며, 다른 동물들은 인간 본성을 결여한다. 반면, 개체 수준에서 분류적 기능이란 구성원자격의 문제가 된다. 인간 본성은 어떤 개체가 인간이라는 범주에 속하는지 속하지 않는지를 결정한다. 왜냐하면 인간 본성이란 그 개체가 인간이기 위해 소유해야할 속성 집합이기 때문이다. 본질주의적 인간 본성은 이러한 분류적 기능들을 잘 수행한다. 인간종을 정의하는 필요충분조건으로서의 인간 본질은 종 수준에서도, 개체 수준에서도 분류적 기능을 수행한다.

셋째, 우리는 인간 본성에 일정한 설명적 기능을 기대한다. 사람들의 어떤 행동을 설명하고자 할 때 우리는 종종 인간 본성에 호소한다. 즉, 인간 본성은 인간종이 전형적으로 가지는 속성이나 성향들을 설명하는 데 사용된다. 만일 인간에게 이러저러한 행동 패턴이 발견되는데 왜 그런지 설명을 요구한다면, 본질주의자는 그런 행동 이면에 놓여있는 심층적인 속성, 즉 인간 본성을 언급함으로써 설명을 시도할 것이다.

넷째, 인간 본성은 규범적 담론에서 일정할 역할을 해왔다. 이를 규범적 기능으로 부를 수 있다. 어떤 행위, 특성, 삶의 양식이 좋은 것인지, 바람직한지, 또는 허용될 수 있는지 등에 관한 논의에서 인간 본성은 기준 내지는 규범을 제공할 것으로 기대되었다. 예컨대, 만일 이성애가 인간 본성에 속한다면, 동성애와 같은 행동 성향은 인간 본성에 반하는 것이므로 그릇된 것으로 판단된다. 인간 본성은 인간이라면 가져야할 (혹은 가지는 것이 바람직한) 속성 집합이기 때문이다. 물론, 인간 본성의 이러한 기능이 한 사회 내에서 여성이나 흑인 등 사회적 약자들과 소수자들을 억압하는 기제로 사용되어 왔다는 것 역시 역사적으로 잘 알려진 사실이다.

이상의 논의에서 우리는 인간 본성을 향하는 다양한 기대를 읽어낼 수 있다. 그것은 인간의 특성을 서술하고 설명하거나, 혹은 인간을 다른 동물들과 구별해내는 등 사실적이고 탐구적인 맥락에서 일정한 역할을 하지만, 동시에 규범적이거나 윤리적 맥락에서도 일정한 역할을 수행한다. 현대적 학문 분류를 배경으로 이런 상황을 읽어내자면, 인간 본성이란 심리학, 인류학, 행동과학과 같은 인간에 대한 경험적 학문 뿐 아니라 윤리학 같은 규범적 학문에서도 중요한 역할을 수행하리라 기대된다는 뜻이다. 즉, 인간 본성이 역할은 크게 보아 인간과학에서의 역할과 윤리학에서의 역할로 구분해볼 수 있다.

우리의 논의 순서는 그러한 역할 구분에 따른다. 우선, 과학적으로 타당한, 즉 객관적인 탐구에 의해 포착될 수 있는 인간에 관한 사실들과 양립가능한 인간 본성이 존재하는지 검토할 필요가 있다. 둘째, 과학적으로 타당한 인간 본성의 개념이 윤리적 논쟁에서 어떤 함축을 지니는지 검토할 필요가 있다. 생명-보수주의에 대한 비판자들은 올바로 이해된 인간 본성은 인간 향상을 둘러싼 윤리적 논쟁에서 아무런 지침을 주지 않는다고 주장하기 때문에, 이 논점은 별도로 점검해야한다.

3. 인간 본성에 다윈주의적 도전

첫 번째 도전은 우리가 인간에 관해 알고 있는 사실들과 양립가능한 인간 본성이란 존재하지 않는다는 주장이다. 본질주의가 쇠퇴한 주된 이유 가운데 하나는 인간종에 관한 경험과학적 이해와 조화될 수 없다는 데 있다. 인간 본성이 인간종의 본성이라면, 우리는 일차적으로 생물학적 논의에 주목해볼 필요가 있다. 인간 본성에 대한 반론이 생물철학자들과 이론생물학자들에게서 날카롭게 제기되었다는 사실은 이와 무관치 않다.

생물종(species)이 전통적인 의미에서 자연종(natural kind)이 아니라는 생각은 생물학 철학 분야에서 광범위하게 받아들여지고 있다.(Ereshefsky 2010, Sober 1993) 생물종은 본질을 가지지 않으며, 필요충분조건에 의해서 정의되지도 않는다. 저명한 생물학자이자 생물학사가인 에른스트 마이어는 다윈 혁명의 근본 함축을 유형학적 사고에서 개체군 사고로의 변화로 요약한다.(Mayr 1997) 그렇다면 인간종에 공통되고 또 특유한 인간의 본질이 존재한다는 본질주의적 생각은 더 이상 유지되기 어렵다는 것이다. 그래서 생물철학자 데이비드 헐은 "인간 본성이 존재하며 그것이 중요하다는 지속적인 주장에 대해 회의적"이라고 밝혔고 (Hull 1986), 이론생물학자 기셀린은 "진화가 인간 본성에 관해 우리에게 무엇을 가르쳐주는가? 그것은 인간 본성이란 미신이라고 알려준다"(Ghiselin 1997)고 썼다.

인간 본성에 관한 다윈주의적 도전(Darwinian Challenge)이라고 이름붙일 수 있는 이러한 비판은 두 가지 형태의 변이에 달려있다. 첫째, 공시적 변이의 문제가 있다. 모든 인간이 공유하고 있고 또한 인간에게만 고유한 (즉, 다른 동물들은 가지지 않은) 속성들의 집합을 발견하기란 어렵다. 인간에게 보편적인 속성들은 인간 아닌 동물들도 가지고 있을 가능성이 많고, 인간에게만 고유한 어떤 속성들은 인간의 어떤 구성원이 소유하지 않을 수도 있다. 인간은 다양하고, 또한 인간과 동물들 사이의 경계도 딱 잘라 말하기 어렵다. 둘째, 통시적 변이의 문제가 있다. 어떤 속성들의 분포가 모든 인간에게 보편적이면서 고유할 가능성이 전혀 없다고 단언할 수는 없더라도, 그런 보편적 공유는 진화적인 우연성의 문제일 것이다. 한 시점에서 그러한 속성 집합이 존재하더라도 그것이 영구적일 것으로 기대할 수 없다. 한 생물종에게 보편적이면서 고유한 속성 분포는 (그것이 있다고 하더라도) 진화사를 통해 변해왔고, 현재 그런 속성들이 존재한다고 해서 그것이 앞으로도 유지되리라 장담할 수 없다. 그러한 일시적이고 변화하는 속성 집합이 인간 본성에 기대되는 중요한 역할들을 감당하기는 어렵고, 특히 인권과 같은 윤리적 차원에 개입하기는 어려울 것이다.(Hull 1986)

다윈주의적 도전이 인간 본성에 관한 본질주의적 관점에 어떤 식으로 비판을 가하는지 살펴보자. 변이의 문제들이 있더라도, 인간 본성 개념이 아무런 역할을 수행하지 못한다고 단정할 필요는 없다. 인간 본성은 서술적 기능을 일부 수행할 수 있다. 즉, 현 시점에서 인간종에 보편적으로 공유되고 특유한 속성 분포가 존재할 수도 있고, 그렇지 못하더라도 인간 종에서 흔히 발견되는 전형적인 속성들이 존재할 수 있다. 그런 속성 집합을 기술함으로써 인간이란 어떤 존재인지 말해줄 수 있다. 그러나 다른 기능들을 수행할 수 없다는 점 또한 분명하다. 우연히 성립하는 보편적이고 고유한 속성 집합이나 전형적으로 공유되는 속성 집합으로는 인간 종과 다른 종을 구별할 수 없고, 한 개체가 인간종에 속하는지 아닌지도 결정할 수 없으며, 인간 행동 양식이나 성향을 설명해주기도 어렵다. 그리고 힐이 강력히 주장한 것처럼, 진화적 우연을 통해서는 인권이나 다른 도덕 담론의 기초를 제공해줄 수 없다. 따라서 인간 본성이 인간종의 본성을 의미하는 한, 본질주의적 관점은 유지되기 어렵다.

본질주의가 틀렸다면, 생물학적으로 존중받을만한 인간 본성의 개념은 존재하지 않는가? 그렇지는 않다. 인간 본성에 관한 대안적 관점들이 있을 수 있다. 다음의 두 조건을 만족한다면, 인간 본성에 관한 대안적 관점으로 볼 수 있다. 첫째, 그것은 본질주의적 관점에 대해 제기된 반론들을 피할 수 있어야 한다. 둘째, 본질주의적 관점이 충족했던 혹은 충족하고자 했던 모든 기능을 수행할 수는 없더라도, 가능하면 인간 본성에 기대되는 여러 이론적 역할을 수행할 수 있어야 하고, 그렇지 않은 경우 특정한 기능을 수행하지 않아도 될 (혹은 수행하지 않아야 할) 좋은 이유를 제시할 수 있어야 한다. 다음 절에서는 그 가운데 몇 가지 후보군을 살펴보고자 한다.

4. 인간 본성에 관한 대안적 관점들

1) 관계적 본질주의

진화적 사유의 교훈은 인간을 인간으로 만들어주는 것은 본질이 아니라 계통적인 관계라는 것이다. 본질주의적 관점(E3)에서 인간 본성은 인간들이 공유하는 내재적 속성이어야 한다. 그러나 인간을 인간이라고 부를 수 있게 해주는 속성이 인간들이 공유하는 내재적 속성이 아니라 진화사를 통한 계통적 관계라면, 우리는 조건 (E3)를 포기함으로써 인간의 본질을 건져낼 수 있을지도 모른다. 바로 이것이 오카샤의 관계적 본질주의의 요체이다.(Okasha 2002) 이 관점 하에서, 인간은 여전히 어떤 본질을 공유한다. 다만, 그 본질이란 내재적인 어떤 것이 아니라 인간들 사이에서 성립하는 관계적 본질일 따름이다.

오카샤의 이러한 관점은 공시적 변이의 문제와 통시적 변이의 문제를 모두 피한다는 점에서 본질주의가 직면했던 비판에서 자유롭다. 또한, 이 관점은 생물분류학에서 인간종을 다른 생물종들로부터 구별해내는 과학적 활동에 잘 부합한다. 다시 말해, 관계적 본질주의는 분류적 기능을 잘 수행해낸다. 인간종이 다른 동물들과 구별되는 이유를 잘 설명하고, 어떤 개체가 인간종에 속하는지 아닌지 판단하는 기준을 제시한다. 즉, 어떤 개체는 인간 부모에게서 태어난 경우에 그리고 오직 그런 경우에 인간종에 속하며, 인간종은 하나의 계통군을 이룬다는 점에서 다른 생물종들과 구별된다.

그러나 관계적 본질주의는 인간 본성에 관한 대안적 관점이 아니다. 인간 본성에 관한 대안적 관점이려면, 본질주의에 가해진 비판을 피할 뿐 아니라 그것이 담당했던 역할 가운데 가능한 한 많은 역할을 담당할 수 있어야한다. 관계적 본질주의는 오직 분류적 기능을 수행할 뿐, 다른 기능은 전혀 수행하지 않는다. 첫째, 관계적 본질주의는 한 생물종의 정체성을 그것의 기원과 역사에서 찾을 뿐, 그 생물종이 가지고 있는 행동이나 심리적 경향성 등에 관해 유의미한 정보를 주지 않는다. 따라서 그것은 서술적 기능을 충족하지 않는다. 둘째, 그것은 설명적 기능도 만족하지 않는다. 그것은 인간이 가진 전형적인 특성들을 우리가 왜 가지고 있는지 설명해주지도 않는다. 또한, 그것은 어떤 의미에서도 규범적인 역할을 수행하지 않는다. 따라서 관계적 본질주의는 인간 본성에 관한 관점으로 보기 어렵다.

물론 관계적 본질주의는 생물분류학의 과학적 실행을 잘 포착해낸다. 관계적 본질주의에서 인간종의 본질이란, 생물분류학에서 언급되는 생물종의 본질을 인간종에 적용한 것이다. 그런데, 이는 인간을 탐구대상으로 하는 다른 과학 분야들, 예컨대 행동과학, 인지과학, 진화심리학 등에서 인간 본성을 발견하려고 하거나 인간 본성에 호소하는 방식과는 상당히 달라 보인다. 즉, 분류적 기능을 수행하는 일은 서술적 기능이나 설명적 기능을 수행하는 것과는 이질적인 일임을 알 수 있다. 그렇다면 어떤 것이 인간 본성에 있어서 더 핵심적

인 기능인가? 인간 본성을 발견하기 위해 노력하는 학문 분과들의 실상을 참
조하는 것이 도움이 될 수 있다. 관계적 본질주의와 연관된 생물분류학의 여러
활동들은 인간 본성에 호소하지도 그것을 발견하려지도 않는다. 반면, 인지
과학이나 진화행동과학 등에서는 인간 본성을 찾고자 애쓴다. 이러한 차이를
주목해본다면, 인간 본성을 탐구하는 현대 인간과학에서는 기술적 기능이나
설명적 기능이 분류적 기능보다 중요하다. 따라서 기술적 기능이나 설명적 기
능을 하지 못하고 분류적 기능만 수행하는 것은 인간 본성의 개념으로 보기
어려운 반면, 분류적 기능을 적절히 수행하지 못하더라도 기술적 기능이나 설
명적 기능을 수행할 수 있다면 인간 본성에 대한 대안적 개념일 수 있다.

2) 법칙론적 관점

본질주의 이래, 가장 많이 언급되는 대안적 관점은 마셔리의 법칙론적 관점
이다.(Machery 2008; Machery 2012) 그에 따르면, "인간 본성이란 진화의 결과
인간들이 소유하는 경향이 있는 속성들의 집합"이다.(Machery 2008, 323) 이러
한 법칙론적 인간 본성의 규정은 두 부분으로 이루어져있다. 인간 본성에 대한
첫 번째 조건은 사람들이 공통적으로 가지는 속성이어야 한다는 것이고, 다른
하나는 그 속성(들)이 진화적 과정의 결과물이어야한다는 조건이다. 이 두 조
건은 본질주의적 관점이 규정하는 인간 본성의 조건보다 상당히 완화된 형태
라는 점을 어렵지 않게 확인할 수 있다. 첫 번째 조건은 인간 본성에 속하는
속성들이 대부분의 인간에게 공유될 것을 요구할 뿐, 모든 인간들에 의해 그리
고 오직 인간들에 의해서만 소유되어야한다고 요구하지 않는다. 이렇게 완화
된 조건은 계통적으로 인간에 속하지만 인간 본성의 일부인 어떤 속성을 결여
하는 경우나, 반대로 인간이 다른 동물들과 인간 본성의 일부를 공유하는 경우
를 허용한다. 따라서 인간 본성에 속하는 속성을 갖는 것은 어떤 개체가 인간
이기 위해 필요하지도 충분하지도 않다. 두 번째 조건은 인간 본성에 포함되는
속성들은 진화의 결과물이어야 한다고 요구한다. 이때 진화란 단지 적응에 한
정되지 않는다. 마셔리가 여기에서 말하는 진화적 과정이란 적응 뿐 아니라 부
산물, 유전적 부동, 발생적 제약 등을 모두 포함하는 광범위한 개념이다. 법칙
론적 관점에 따르면, 만일 이성 능력이 진화의 결과물이면서 동시에 대부분의

인간들에게 공유된다면, 인간 본성의 일부일 수 있다. 또한, 다리가 두 개 있다는 것도 대부분의 인간들이 가진 속성이면서 진화의 결과물이기 때문에 인간 본성의 일부일 수 있다. 다리가 두 개인 다른 동물들이 존재한다는 사실은 그 속성이 인간 본성의 일부가 아님을 보여주지 않는다.

마셔리의 이 같은 관점은 본질주의에 대한 비판들에 노출되지 않는다. 인간이 법칙론적 본성을 가지기 위해 필요충분한 속성 집합은 요구되지 않으며, 법칙론적 인간 본성은 진화과정을 통해 변화할 여지가 있기 때문이다. 이러한 관점은 인간 본성을 발견하려는 인지과학이나 진화행동과학의 노력과도 잘 부합하는 듯하다. 그렇다면 법칙론적 인간 본성은 구체적으로 어떠한 이론적 역할을 수행하는가? 먼저, 그것은 인간들이 전형적으로 어떤 속성을 소유하는지 우리에게 알려줌으로써 인간이란 어떤 존재인지 서술하는 기능을 수행한다. 이는 본질주의적 관점에서의 인간 본성이 서술적 기능을 수행하는 방식과는 다르지만, 인간의 특징을 우리에게 말해준다는 점에서 서술적 기능을 수행한다고 볼 수 있다. 둘째, 마셔리는 분류적 기능이 충족되지 않아야한다고 주장한다. 앞 절에서 살펴본 것처럼 분류는 내재적 속성이 아니라 계통에 의존하기 때문이다. 계통과 생물종이 지닌 내재적 속성이 별도로 고려되는 한, 인간 본성을 통해 분류적 기능을 충족시키려는 시도는 유익하지 않다. 셋째, 이 관점은 일종의 설명적 역할을 수행하지만, 통상적인 방식의 인과적 설명과는 다른 방식으로 그렇게 한다. 즉, 인간이 이러저러한 행동 패턴을 보여주는 것은 인간이 가진 법칙론적 본성 때문이라고 설명하는 대신, 법칙론적 본성은 우리 종이 인간 본성을 가진다면 어떤 의미에서 그것이 인간 본성인지를 설명해준다. 넷째, 마셔리는 인간 본성으로부터 직접적인 규범적 함축은 끌어낼 수 없다고 본다. 정리하자면, 법칙론적 인간 본성은 서술적 기능을 잘 수행하고, 설명적 기능을 독특한 방식으로 수행한다.

법칙론적 관점에 대한 문제제기도 없지 않다.(Lewens 2009; Ramsey 2013) 첫째, 인간 본성을 이루는 속성들이 모든 인간은 아니지만 대부분의 인간에게서 전형적으로 나타나야한다는 조건은 우리가 흔히 인간 본성의 일부로 간주하는 것들도 배제할 수 있기 때문에 지나치게 강한 조건일 수 있다. 예컨대, 진화심리학자들은 질투에 있어서 남녀의 성차를 이야기하곤 한다.(Buss 1995; 김교

헌 2004) 남성에서 전형적인 특징들과 여성에서 전형적인 특징들은 법칙론적론 관점에서 인간 본성의 일부가 아니다. 즉, 다형성(polymorphism)은 법칙론적 본성에서 배제된다. 그러나 다형성을 인간 본성에 포함시켜야한다는 직관도 존재한다. 둘째, 법칙론적 관점의 두 번째 조건은 진화와 문화 사이의 이분법을 전제하는 것처럼 보이기 때문에 문제의 소지가 있다. 즉, 법칙론적 관점에서 인간 본성은 학습이나 사회화 과정이 아닌 진화적 과정의 결과물로 간주된다. 그러나 진화와 문화는 이분법적으로 구별될 수 없으며 때때로 상호작용하며, 특히 유전자-문화 공진화론자들은 둘 사이의 그러한 상호작용에 초점을 맞추어 연구한다.(Boyd and Richerson 1985)[5]

램지는 이러한 비판들을 수용할 수 있도록 자신의 대안적인 관점을 제안한다.(Ramsey 2013; 2014) 한 개인이 어떤 특정한 환경에 놓여있다고 하자. 그러면 그 개인의 삶에는 서로 다른 다양한 결과들이 있을 수 있다. 그 가운데 가능한 결과들의 집합 하나를 하나의 가능한 생활사라고 부를 수 있다. 예컨대, 하나의 생활사에는 어떤 개인이 태어나서 성장하고 번성하고 가족을 가지고 사망하는 것을 포함할 수 있다. 다른 생활사는 유아 시절 치명적 질병으로 인해 이른 나이에 끝날 수도 있다. 이런 생활사들은 수많은 형질들로 가득 채워져 있다. 이때 형질은 특정한 신체 조건일 수도 있고, 행동 성향일 수도 있고, 그 밖에 개인의 다른 특성일 수도 있다. 형질은 한 생활사의 임의의 특성을 말하며, 오랫동안 지속될 수도 있고 짧게 종결될 수도 있으며, 개체의 생존에 매우 중요할 수도 있고 그렇지 않을 수도 있다. 그런데 형질들은 홀로 존재하거나 무작위로 생활사를 채우는 것이 아니다. 한 생활사 내에서 형질들은 어떤 패턴을 이루며 존재한다. 이제, 한 개인의 본성은 개인에게 "가능한 생활사들 안에 있는 형질 다발의 패턴"으로 정의되고, 인간 본성은 "현존 인류의 가능한

---

5) 루웬스는 이러한 비판들을 밀고나가면서 법칙론적 본성은 지나치게 관대한 개념에 머물게 된다고 주장한다.(Lewens 2009) 진화의 결과와 학습 및 사회화의 결과를 분명하게 구분할 수 있는 근거는 없고, 인간의 특성들을 형성해 과정에는 두 차원이 복합적으로 작용해왔으므로, 어떤 것도 오직 진화만의 결과라고 주장하기는 어렵다는 것이다. 또한 그는 인간들 간의 공통점을 신빙성 있게 산출하는 것이 인간의 본성에 속한다면, 인간의 하위 집단들 간의 차이의 패턴을 신빙성 있게 산출하는 것 역시 인간의 본성에 속한다고 주장한다. 만일 그의 두 가지 주장을 모두 수용한다면, 인간 본성이란 결국 인간종에서 전반적으로 발견되는, 상당한 기간동안 유지되어온 신빙성 있는 경향성에 불과하게 된다.

생활사들의 총체 안에 있는 형질 다발의 패턴"으로 규정된다. 램지는 이를 인간 본성에 관한 생활사 형질 다발(Life-history trait cluster conception, 이하 LTC 관점)이라고 부른다.

생활사를 이루는 특성들은 진화의 결과일 수도 있고 사회적 학습으로 인해 획득된 것일 수도 있다. 가능한 생활사들 내에서의 형질 다발은 통계적인 분포의 패턴이므로 불변하는 것이 아니다. 그러므로 램지의 LTC 관점은 본질주의에 대한 비판과 법칙론적 관점에 대한 비판을 모두 피하는 것처럼 보인다. LTC 관점은 심리과학과 사회과학에서 연구의 대상이 되는 무엇인가를 포착해 내는 것 같다. 즉, 인간에 관한 학문 분야들은 가능한 생활사들 내의 형질 다발에서 발견되는 특정한 패턴을 발견하는 것을 목표로 한다고 해석될 수 있다. 그렇지만 인간 본성에 요구되는 역할 가운데 LTC 관점이 어떤 역할을 담당할 수 있는지 점검해본다면, 기존 비판들을 피하기 위해 지나치게 느슨하게 만들어진 이론이라는 의심을 거두기 어렵다.

LTC 관점에 따른 인간 본성은 모든 가능한 생활사에서 발견될 수 있는 형질 다발의 패턴인데, 이것은 얼핏 보아 일정한 서술적 기능을 하는 것 같다. 그러나 그것은 현존하는 인류가 어떤 존재인지, 인간이라는 존재의 특성은 무엇인지를 말해주지 않는다. 다만, 인류는 어떤 특성들을 가질 수 있는지를 이야기해준다. 다시 말해, 램지의 관점은 실제 인간이 아니라 가능한 인간에 관해 서술하려 한다. 그리고 이런 방식으로 서술적 역할을 일부 담당하는 것 외에 LTC 관점은 인간 본성 개념에 기대되는 다른 기능들은 수행하지 않는 것으로 보인다. 그러한 형질 다발 패턴은 분류적 기능이나 설명적 기능을 수행하지 않으며, 규범적 담론의 토대일 수도 없다.

3) 인과 본질주의

생물종은 자연종이 아니라는 비판에 대해, 몇몇 철학자들은 자연종 자체에 대한 대안적 관점을 고민해왔다. 그 가운데 대표적 것은 자연종에 관한 항상적 속성 다발(Homeostatic Property Cluster, 이하 HPC) 관점으로, 몇몇 철학자들은 생물종이 HPC종이라는 점에서 자연종이라고 주장한다. 이 입장에 따르면, 생물종의 한 사례로서 인간종도 자연종일 수 있고 그것의 본성이 곧 인간 본성이 될 것이다. 사무엘스의 인과 본질주의는 HPC종의 개념을 인간종에 적용한 것이다.(Samuels 2012) 먼저 HPC종에 관해 간략히 설명해보자.(Boyd 1991; 1999; 천현득 2008).

> 한 종은 다음의 세 조건들을 만족하는 경우 항상적 속성 다발 종 (HPC종)이다.
> H1. 그 종은 공변하는 속성들의 다발과 연관되어 있어서, 다양한 속 성들이 그 종의 사례들을 통해서 함께 예화된다. 그러나 그 속 성들이 그 종에 속하기 위한 필요조건은 아닐 수 있다.
> H2. 그러한 징후들이나 속성들의 공변을 인과적으로 설명해주는 기 저 메커니즘, 과정, 혹은 구조들의 집합이 존재하며, 이러한 기 저 인과 메커니즘들은 경험적으로 발견될 수 있다.
> H3. 어떤 것이 그 종의 구성원인지 아닌지를 결정해주는 정의가 있 다면, 그것은 징후들이나 공변하는 속성 다발이 아니라 그것을 책임지고 있는 인과 메커니즘이다. 즉, 속성 다발보다는 인과 메커니즘이 종의 구성원 자격을 결정한다.

HPC종의 구성원 자격을 결정해주는 인과적 메커니즘이나 과정, 혹은 구조 를 우리는 인과적 본질이라고 부를 수 있다. 사무엘스는 인간 본성이 곧 인간종 의 인과적 본질이라는 관점을 취하기 때문에, 그의 입장은 인과적 본질주의 (causal essentialism)로 불린다. 인간종은 위의 세 조건을 만족한다는 점에서 HPC종으로서의 자연종일 수 있다. 인간은 여러 속성들을 지니며, 그 속성들은 무작위로 발생하는 것이 아니라 함께 나타난다. 그러한 속성 다발을 설명해주 는 인과적 본질이 존재하고, 그 인과적 본질이 인간종의 구성원 자격을 결정한 다면, 인간종은 HPC종이고 인간 본성이란 곧 그러한 인과적 본질에 다름 아니 다. 그러나 인과적 본질은 필요충분조건으로 정의되는 전통적 본질과 동일하 지 않다. 한 종을 정의하는 전통적 본질을 결여하는 어떤 것도 그 종의 구성원 이 될 수 없지만, 한 종의 구성원이 인과적 본질을 결여하는 경우는 허용된다. 그래서 조건 H3은 정의가 있다면 (그리고 그런 만큼), 인과적 본질이 구성원 자격을 결정한다고 말하고 있다.

인과 본질주의는 마셔리의 법칙론적 관점과 비교함으로써 잘 이해될 수 있다. 인간이 법칙론적 본성을 가질 수 있는 가능성을 사무엘스가 부인하지는 않는다. 그러나 사무엘스는 인간 본성이 피설명항이 아니라 설명항이라고 주장한다. 그가 보기에, 인간 본성은 설명되는 무엇인가가 아니라 무엇인가를 설명하는 것이다. 이것이 바로 그가 인간 본성을 인간종의 인과적 본질과 동일시하는 이유이다. 이런 정신을 따라, 그는 인간 본성이란 "종-전형적인 심리적 규칙성을 설명하는 데 연루되어 있는 메커니즘과 구조들의 모임"이라고 정의한다.(Samuels 2012, 26-27) 법칙론적 본성이 다양한 심리적 속성들이 나타나고 공변하는 것을 말한다면, 인간 본성은 그러한 속성들의 공변에 책임이 있는 무엇인가를 가리킨다.

인과 본질주의가 설명적 기능을 수행하는 데 특화되어 있다는 사실은 어렵지 않게 볼 수 있다. 법칙론적 관점도 일종의 설명적 역할을 하지만, 인간들이 이러저러한 특성과 경향성을 왜 가지는지 인과적으로 설명하기보다는 어떤 점에서 인간이 인간 본성을 가지는지를 설명해준다. 반면, 인과 본질주의에 따르면 인간 본성은 행동적, 심리적 규칙성에 관한 인과적 설명을 제공한다. 이런 점에서 인과 본질주의는 분명한 장점을 지닌다. 그러면 다른 기능들에 관해서는 어떤가? 법칙론적 관점과 유사하게, 인과 본질주의도 규범적 역할이나 분류적 역할을 수행하지 않는다. 예컨대, 인간종의 인과적 본질을 가지지 않은 개체도 인간일 수 있고, 인과적 본질의 존재 여부가 인간과 인간 아닌 동물들 사이의 구분선을 제시하는 것도 아니다.[6] 인과적 본질이 어떤 직접적인 윤리적 함축을 갖는다고 보기도 어렵다. 그렇다면 인과 본질주의가 서술적 기능을 얼마나 훌륭하게 수행해내는지가 관건이다.

사무엘스는 자신의 이론이 서술적 기능을 잘 만족한다고 생각한다. 인간 본성에 해당하는 인과적 본질을 밝히려면 먼저 한 종 내에서 폭넓게 공유되는 전형적인 규칙성들을 서술해야하고, 그런 규칙성이 성립할 수 있게끔 해주는 구조나 메커니즘을 서술해야한다. 따라서 종 전형적인 규칙성과 그것을 책임지는 인과적 메커니즘 모두를 서술한다는 점에서 인과적 본질주의는 이중으

---

6) 인간의 시각 능력과 관련된 다양한 속성들이 존재하고 그들 사이에는 모종의 규칙성이 성립한다. 그러한 규칙성을 설명하는 인지적, 신경적, 발달적 메커니즘이 인간 본성에 속할 것이다. 그러나 유전적이거나 환경적 요인으로 인해 그러한 메커니즘을 가지지 않는 사람들이 존재한다.

로 서술적 기능을 수행한다는 것이다. 그러나 인과적 본질주의가 서술적 기능을 매우 잘 만족한다는 주장은 착각이다. 어떤 자연종의 인과적 본질을 밝히려면 그 종의 구성원들이 흔히 갖는 전형적인 규칙성들을 언급해야하는 것은 올바른 지적이다. 그러나 인과적 본질주의 하에서 인간 본성은 설명되는 어떤 것이 아니라 설명하는 무엇이다. 설명되는 전형적 규칙성이 아니라 그러한 규칙성을 설명해주는 기저 메커니즘이 바로 인간 본성에 해당한다. 달리 말하자면, 인간에게서 흔히 발견되는 이러저러한 전형적 특성들은 인간 본성에 의해서 설명되는 피상적인 속성들이지, 그 자체가 인간 본성의 일부가 아닌 것이다. 인과 본질주의는 기저 메커니즘을 서술한다는 점에서 인간이 어떤 존재인지에 관해 말해주는 서술적 기능을 수행할 수 있을지도 모른다. 그러나 이는 사무엘스가 자신의 이론이 서술적 기능을 수행한다고 생각하는 방식과 다르며, 본질주의적 본성이나 법칙론적 본성이 인간이 어떤 존재인지 말해주는 방식과도 다르다.

4) 소결

인간 본성에 관한 본질주의적 관점이 가진 난점들을 피할 수 있는 대안적인 인간 본성의 개념이 가능한지 살펴보았다. 그 가운데 법칙론적 관점이나 인과 본질주의는 단지 인간 본성의 개념을 폐기하는 수동적인 태도에서 머물지 않고, 적극적으로 대안적인 인간 본성의 개념을 구성하려 시도했다.[7] 그러나 본질주의적 관점이 의도했던 모든 역할을 수행할 수 있는 다목적의 인간 본성 개념은 존재하지 않는다는 점에 주목할 필요가 있다. 상이한 대안적 관점들은 서로 다른 관심과 목적을 갖는다. 그들이 주로 고려하고 있는 경험과학의 분야도 서로 다르며, 그들이 특히 초점을 맞추어 수행하려는 이론적 역할도 상이하다. 예컨대, 관계적 본질주의는 생물분류학에 연구 활동과 긴밀히 연관을 맺으며, 분류적 기능에 초점을 맞춘다. 이미 살펴본 것처럼 이는 현대 인간과학의

---

7) 본 논문은 인간 본성에 관한 필자 자신의 구체적인 관점을 제안하지 않는다. 여기에는 두 가지 이유가 있다. 첫째, 나는 인간 본성이란 다중적 구조로 이루어졌다고 보는데, 이를 보이기 위해서는 과학적 개념 일반이 다중적인 구조로 이루어질 수 있음을 논증해야한다. 이에 관해서는 별도의 논문을 준비하고 있다. 둘째, 이후 논의는 특정한 인간 본성 개념이 아니라 여러 관점들이 공유하고 있는 최소한의 공통조건에 의존한다.

여러 연구 활동들이 인간 본성의 탐구를 목표로 내거는 현상과는 거리가 있다. 반면, 법칙론적 관점이나 인과 본질주의는 진화 행동과학이나 인지과학 등의 분야에서 탐구하는 인간의 여러 특성들에 주목한다. 다만, 법칙론적 관점은 인간 본성의 서술적 기능을 더 강조하고, 인과 본질주의는 인간 본성의 설명적 기능을 더 강조한다. 아마도, 우리가 안전하게 내릴 수 있는 결론은 다음과 같을 것이다. 특정한 탐구 맥락과 주어진 인식적 역할에 적합한 다수의 인간 본성 개념들이 존재할 수 있다.

5. 규범적 논의에서 인간 본성의 역할

이제 남은 문제는 그러한 인간 본성(들)이 윤리적이거나 규범적 차원에서 어떠한 지침을 줄 수 있는지 검토하는 일이다. 몇몇 생명윤리학자들은 인간 향상을 둘러싼 논쟁에서 인간 본성이라는 개념 자체를 거론하지 않는 편이 훨씬 유익하다고 주장한다.(Lewens 2009; Buchanan 2009) 그런데 흥미롭게도, 대안적인 인간 본성의 개념을 구축하려고 애쓰는 철학자들도 인간 본성의 규범적 역할에 부정적이다. 마셔리는 인간 본성은 직접적으로 규범적 역할을 하지 않는다고 주장하고, 사무엘스도 인간 본성은 오직 과학 분야 내에서만 역할을 갖는다고 본다. 그런 점에서 그들도 생명보수주의에 대한 비판자들과 견해를 함께 한다. 그러나 이 마지막 절에서 나는 인간 본성이 직접적인 윤리적 함축을 갖지 않는다고 해서 규범적 담론에서 아무런 역할을 하지 않는다는 결론이 도출되지는 않음을 보일 것이다.

먼저, 윤리적 논쟁에서 인간 본성의 개념이 논쟁을 진전시키기보다는 오히려 혼란을 초래하기 때문에 제거되어야한다는 주장을 살펴보자. 서론에서 언급된 것처럼 인간 향상에 반대하는 생명보수주의자들은 인간 본성이 윤리적, 도덕적 담론에서 중요한 근거로 작용한다고 생각한다. 이런 점에서 그들은 신-아리스토텔레스주의 윤리학의 핵심적인 부분을 공유하고 있는 것처럼 보인다. 즉, 인간이 어떠한 존재인지에 관한 사실적인 내용들이 인간이 좋은 삶을 영위하기 위해 어떻게 행동해야하는지에 관한 논의에서 토대로 기능한다는 것이다.(Foot 2001; Thompson 2008) 그러나 생명보수주의 및 인간 본성에 기댄 그들의 주장에 반대하는 비판자들은 인간 본성이라는 개념을 적절히 이해한다면, 그것이 규범적 담론에서 아무런 역할을 하지 않는 불필요한 서문에 불과하다고 지적한다.

비판자들이 이해하는 인간 본성이란 법칙론적 관점과 유사하거나 혹은 그보다 더 허용적이다. 인간 본성이란 모든 사람이 공유하는 보편적이고 항구적인 어떤 특성이거나, 인간을 인간 아닌 다른 생명체와 구별해주는 독특한 특성이 아니다. 예컨대, 뷰캐넌(Buchanan 2009)에 따르면, 인간 본성이란 "인류 공통의 진화적 발전 과정의 결과로 대부분의 인간들이 지금 가지고 있는 고정배선된 특성들"이다. 이는 앞에서 우리가 검토했던 마셔리의 법칙론적 인간 본성과 상당히 유사하다. 뷰캐넌은 인간 본성에 관한 그와 같은 이해로부터 어떤 특성이 인간 본성에 속한다는 사실로부터 아무런 도덕적 함축이 따라오지 않는다고 주장한다. 그 논증은 간략하지만 다음과 같이 재구성될 수 있다.

> (HN) 인간 본성은 진화의 결과물로 대부분의 인간이 가지게 된 전형적인 특성들이다.
> (T) 어떤 속성이 전형적으로 소유된다고 해서 그 속성이 좋은 것임이 보장되지 않는다.
> (N) 어떤 속성이 진화의 결과로 주어진 것(혹은 자연스러운 것)이라고 해서 그 속성이 좋은 것임이 보장되지 않는다.
> (C1) 따라서 어떤 속성이 인간 본성의 일부라는 사실로부터 아무런 도덕적 함축이 따라오지 않는다.
> (C2) 따라서 우리의 윤리적인 논의에서 인간 본성의 개념 자체를 제거하는 편이 낫다.

인간 사회의 대부분의 구성원들이 어떤 특성을 공유하고 있다고 해서, 그 특성이 반드시 바람직하다거나 좋은 삶의 토대가 된다고 볼 수는 없을 것이다. 그 특성이 진화의 결과로 우리에게 주어진 것이라고 해서, 다시 말해 우리가 가진 자연적인 속성이라고 해서 도덕적인 삶의 양식의 기반이 되는 것도 아닐 것이다. 예컨대, 카스(Kass 1998)는 인간 유전자 복제를 반대하며 두 부모에게서 태어나는 것이 인간의 본성이라고 주장했다. 유성 생식의 방식은 인류에게 보편적으로 공유된 진화의 결과물이며 그런 의미에서 인간 본성의 일부이다. 그러나 아무런 추가적인 논증 없이 유성 생식이 바람직하며 더 도덕적이라고 주장할 수는 없다. 사실 카스도 그런 식으로 단순한 논변을 전개하지 않았다. 그 자신도 추가적인 이유를 넌지시 내비쳤다. 그에 따르면, 무성 생식의 세계는 상호간 무관심하고 매우 동질적인 세계이며, 생명공학을 통해 유성 생식 이외의 방식으로 자녀를 낳게 되면 결국 인간 소외를 가져올 것이다. 반면, 유성 생식을 통한 출산은 특별한 관심과 강도를 가지고 서로에게 다가서는 두 부모의 특별하면서도 상호보완적인 결합을 통해 이루어지기 때문에 도덕적으로 존중받을 만하다. 이런 논증을 얼마나 심각하게 받아들여야할지는 논란이 되겠지만, 어떤 속성이 인간 본성의 일부라는 이유만으로 특정한 윤리적 함축을 직접 이끌어내기는 어렵다는 점은 확인할 수 있다.

위의 재구성된 논증은 매우 단순하면서도 상당히 강력해보이지만, 인간 본성의 개념이 아무런 역할을 하지 않으며 제거해야한다고 결론짓는 일은 성급하다. 적극적으로 대안적인 인간 본성의 개념을 구축하려는 여러 노력들은 상이한 강조점들을 가지고 있지만, 공유하고 있는 부분이 없다. 나는 그 공유점이 가진 의의가 충분히 인지되지 않았다고 생각한다. 그 공통분모란 바로 인간 본성은 유연하지 않다는 점이다. 인간 본성의 비가단성(unmalleability)이란 대부분의 인간들에게 공유되는 어떤 속성이 인간 본성의 일부라면, 그 속성은 금속을 두드려서 펴 늘리듯 손쉽게 변경할 수 없음을 뜻한다. 물론, 인간 본성에 속하는 속성이 영구불변하다는 뜻은 아니다. 인간 본성에 의해 부과된 일정한 한계를 극복하는 것이 불가능하지는 않겠지만, 그런 과정은 그에 상응하는 상당한 대가를 동반하게 될 것이다. 이는 윌슨이 "인간 본성은 고집스럽고 비용 없이는 강제될 수 없다"고 말했을 때 의도했던 것이기도 하다.(Wilson 1978, 47) 요컨대, 인간 본성은 어떤 형질이 변화시키기 어려운지 혹은 어떤 형질이 변화에 더 취약한지를 알려준다. 인간 본성의 이러한 완고함은 인간 본성에 대한 상이한 관점을 관통하는 공통의 생각이다. 이를 인간 본성의 최소 조건으로 부를 수 있다.

인간 본성의 완고한 측면을 아무도 몰랐다고 주장하는 것이 아니다. 몇몇은 이러한 특성을 인식했고 또 언급하기도 했다. 예컨대, 사무엘스는 인간 본성이 수행해야할 한 가지 기능으로 불변성 기능을 언급했다. 인간 본성은 애당초 변할 수 없는 것이거나 그렇지 않더라도 변화하기 어려운, 혹은 손쉬운 변화에 저항하는 성격을 지닌다는 것이다. 뷰캐넌 역시도 인간 본성의 유연하지 않은 성질을 언급하며 다음과 같이 말했다. "무언가가 인간 본성의 일부라면 그것은 문화화, 교육, 또는 세뇌 교육 등에 의한 변경에 쉽사리 순응하지 않으며 다양한 환경에 걸쳐 안정적이라는 생각이 [인간 본성에 관한] 상식적 관점이나 진화적 관점에 공통적이다."(Buchanan 2009, 142) 그러나 경직성에 관한 언급들은 지나가는 말로 가볍게 취급되거나 평가절하 되었고, 그 의미를 충분히 살피지 않았다. 인간 본성의 최소 조건은 최소한으로만 언급되었을 뿐이다.

인간 본성의 비가단성이 가지는 의의를 살펴보려면, 인간 본성과 인간 향상에 관한 논의를 광역적 수준과 국소적 수준으로 구분해 보아야한다. 지금까지 인간 본성에 기대 인간 향상을 반대하는 생명보수주의자나 이에 대한 비판자들은 모두 광역적 수준에서 인간 본성을 다루었다. 생명보수주의자들은 인간을 향상시키려는 어떤 시도도 거부해야한다고 주장한 반면, 비판자들은 인간 본성에 호소하면 오히려 논의를 어지럽히기 때문에 인간 본성 자체를 논의에서 제거해야 한다고 주장한다. 이런 논쟁 구조에서 인간 본성은 도매급으로 그리고 총체로서 취급된다. 한편에서는 인간 본성에 속하는 속성들은 총체적으로 좋은 삶의 토대이기 때문에 그것에 변화를 가하려는 모든 시도를 거부해야 한다고 주장하고, 다른 한편에서는 인간 본성의 개념 자체가 본격적인 논의에 불필요하게 덧붙여진 서문 격이므로 논의에 전혀 도움이 되지 않는다고 주장한다. 그러나 국소적인 수준의 논의에서 인간 본성은 윤리적 논쟁에서 중요한 역할을 수행할 수 있다.

인간 본성은 인간에게서 보이는 여러 특성들 가운데 어떤 것이 변경하기 어려운지를 알려주고, 어떤 인지적 신체적 능력이 향상 기술에 의해 더 손쉽게 변화할 수 있는지 알려준다. 한 사회 내에서의 사회화나 교육 등을 통해 획득된 형질들은 상대적으로 변경이 용이할 것이고, 진화적으로 뿌리가 깊은 형질들은 변경이 쉽지 않을 것이다. 따라서 인간 향상을 모두 허용할 것인가 애당초 불허할 것인가 하는 광역적 수준의 논쟁이 아니라, 어떤 향상을 허용하고 어떤 향상은 반대할 것인지 하는 국소적 수준의 논쟁에 돌입하면 어떤 속성이 인간 본성에 속하는지, 그리고 얼마나 강하게 고정배선되어 있는지는 중요한 변수로 작용할 수 있다. 또한, 인간 본성은 특정한 인간 향상의 시도가 가져오게 될 잠재적 유익과 위험을 밝혀줄 수 있다. 어떤 향상 시도가 야기할 유용성과 위험성에 관한 정보는 인간 향상을 둘러싼 논쟁에서 매우 중요한 역할을 하며 그런 정보를 제공함으로써 인간 본성은 논쟁에 깊숙이 개입한다. 따라서 인간 본성으로부터 직접적인 윤리적 함축을 이끌어낼 수 없다고 해서 인간 본성이 아무런 역할을 하지 않는다고 결론내리는 것은 성급하며, 구체적인 수준에서 인간 본성은 여전히 탐구되고 논의되어야 한다.

누군가는 인간 본성은 단지 서술적 역할을 수행할 뿐 여전히 규범적인 역할은 수행하지 못한다고 지적할 지도 모르겠다. 그러나 이는 잘못 겨누어진 비판이다. 본 논문의 주장은 인간이 이러저러한 자연적인 성향이나 특성을 공통적으로 가진다는 사실로부터 이러저러하게 행위해야 한다는 당위를 직접 이끌어낼 수 있다는 데 있지 않기 때문이다. 앞서 언급한 것과 같이, 인간 본성이 직접적인 윤리적 함축을 가진다고 보기 어렵다는 입장은 상당히 설득력이 있다. 그러나 인간 본성이 할 수 있는 결코 사소하지 않은 역할이 있다.

게다가, 인간 본성이 수행하는 역할은 규범적인 의사결정 과정에서 중요하다는 사실에 주목할 필요가 있다. 합리적인 의사결정 과정은 세 가지 기초 요소들로 이루어진다.[8] 첫째, 선택할 수 있는 가능한 선택지들이 있어야 한다. 둘째, 각 가능한 결과가 실제로 발생할 정보가 확률로서 제시된다. 셋째, 의사결정자가 각 결과가 얼마만큼의 가치를 가지는지 평가한다. 규범적 의사결정 이론은 의사결정자는 가용한 정보들에 비추어볼 때 가장 큰 가치가 기대되는 선택지를 선호해야한다고, 혹은 선호하는 것이 합리적이라고 말해준다. 이러한 의사결정 과정의 틀에서 보자면, 인간 본성 그 자체는 어떠한 도덕 규범이나

---

8) 의사결정은 흔히 알려진 상황 하에서의 의사결정, 불확실성 하에서의 의사결정, 그리고 위험 하에서의 의사결정으로 구분된다. 어떤 일이 발생할지 모두 아는 알려진 상황에서는 좋은 선택지를 고르는 일은 손쉽다. 어떤 일이 발생할지 전혀 알 수 없는 불확실한 상황에서의 의사결정은 발생 확률에 대한 정보가 전혀 없이 각 결과들의 가치들만으로 평가해야한다. 인간 본성이 적절한 (확률적) 정보를 제공해준다면 인간 향상을 둘러싼 의사결정은 위험 하에서의 의사결정이 될 것이고, 우리 논의는 이러한 종류의 의사결정에 초점을 맞춘다.(Steele and Stefánsson 2015)

원리를 제공해주지 않지만 규범적 판단이 작동할 수 있도록 규범적 원리와 사실적 차원을 연결해주는 역할을 한다.

우리가 처한 사회문화적 환경에서 그리고 우리에게 가용한 인적, 사회적, 경제적 자원들을 고려할 때, 인간의 능력 가운데 어떤 것을 향상시켜야할지 혹은 어떤 특성을 변경시켜야할지 판단하는 의사결정 과정에서 인간 본성은 개입한다. 이는 인간 본성에 속하는 특성들은 무조건 보존해야한다는 주장이나, 어떤 것이 인간 본성에 속하는지 아닌지 여부는 윤리적 판단에 아무런 영향을 미치지 않는다는 식의 광역적 논의와는 차별화된다. 첫째, 인간 본성에 속하는 어떤 특성을 변경하려는 시도는 상당한 비용을 치르게 될 것이므로, "다른 조건이 같다면" (즉, 궁극적으로 유사한 효과를 산출할 수 있다면) 인간 본성에 속하지 않는 성향이나 특성을 변경하는 것이 바람직할 것이다. 이 경우에 여러 향상 시도의 가능한 유익과 해악에 대한 평가가 본질적이다. 둘째, 구체적인 의사결정은 배경 조건에 의존한다. 한 사회의 집단적인 가치 체계나 사회문화적 여건이 다르다면, 특정한 인간 능력을 향상할지 말지, 아니면 어떤 능력을 향상할지 등에 관한 논의는 다른 결론으로 귀결될 수 있다.[9]

6. 결론

인간 본성의 불변성에 집착해 모든 기술적 변화를 거부하는 일도, 인간 본성이 인류의 미래를 결정하는 과정에서 아무런 역할을 하지 않는다는 생각도 튼튼한 뒷받침을 가지고 있지 않다. 인간 향상을 둘러싼 논쟁이 광역적 수준이 아닌 국소적 수준에서 진행될 때, 인간 본성은 여전히 중요한 역할을 할 것이

---

9) 한 심사자는 논의가 추상적 수준에서 이루어져 인간 본성에 관해 구체적으로 이해하기 어려우며, 인간 본성의 비가단성이 실질적으로 해명하는 것이 무엇인지 의문을 표했다. 논문 분량의 제한으로 인해 풍부한 사례와 구체적인 논증들을 언급하지 못한 아쉬움이 있지만, 본 논문은 인간의 어떤 특성이 본성이라고 판단하기 위한 최소 조건이 있으며, 인간 본성에 대한 무조건적 거부나 수용을 넘어 국지적 수준의 논쟁에서 유의미한 역할을 할 수 있는 가능성에 주목해야한다고 주장했다. 그러한 가능성이 실제 어떠한 논쟁에서 어떠한 양상으로 나타날지는 인간 향상을 둘러싼 구체적인 논쟁을 검토함으로써만 드러날 것이다.

다. 미래 인류는 정상적인 범위의 인간 능력을 넘어서는 존재자들과 함께 살아가야할지도 모른다. 그런 포스트휴먼 사회를 준비하는 이 시점에서 인간 본성은 제거해야할 주제가 아니라 여전히 물어야할 물음이다.

참고문헌

신상규. 2014. 『호모 사피엔스의 미래』. 서울:아카넷.

천현득. 2008. 「감정은 자연종인가? -감정의 자연종 지위 논쟁과 감정 제거주의」. 『철학사상』 27 권:317-46.

Philbeck, Thomas. 2013. 「포스트 휴먼자아: 혼합체로의 도전」. 『인간과 포스트휴머니즘』. 이화여자대학교 출판부. pp.23-40.

Bostrom, Nick. 2003. "Human genetic enhancements: a transhumanist perspective." *Journal of Value Inquiry* 37: 493–506.

Boyd, Richard. 1991. "Realism, Anti-Foundationalism and the Enthusiasm for Natural Kinds." *Philosophical Studies* 61: 127–148

――――――. 1999. "Homeostasis, Species, and Higher Taxa." In R. Wilson (ed.),(1999), pp. 141–186.

Buchanan, Allen. 2009. "Human Nature and Enhancement." *Bioethics* 23: 141–150.

Ereshefsky, Marc. 2010. "Species." *The Stanford Encyclopedia of Philosophy* (Spring 2010 Edition), Edward N. Zalta (ed.)

Foot, Pillippa. 2001. *Natural goodness*. Oxford University Press.

Fukuyama, Francis. 2002. *Our Post-Human Future: Consequences of the Biotechnology Revolution*, Straus & Giroux

Ghiselin, M. T. 1997. *Metaphysics and the origins of species*. SUNY Press.

Hayles, N. Katherine. 1999. *How We Became Posthuman*. University of Chicago Press.

Hull, David. 1986. "On Human Nature." *PSA* 1986, 3–13.

Kass, Leon. 1998. "The wisdom of repugnance: why we should ban the cloning of humans." *New Republic* 216: 17–26.

Kronfeldner, M., Roughley, N., & Toepfer, G. 2014. "Recent Work on Human Nature: Beyond Traditional Essences." *Philosophy Compass* 9: 642–652.

Lewens, Tim. 2009. "Enhancement and human nature: the case of Sandel." *Journal of Medical Ethics* 35: 354–356.

――――――. 2012. "Human Nature: The Very Idea." *Philosophy & Technology*

25: 459–474

Machery, Edouard. 2008. "A Plea for Human Nature." *Philosophical Psychology* 21: 321–329.

————————. 2012. "Reconceptualizing Human Nature: Response to Lewens." *Philosophy & Technology*, 25: 475–478.

Mayr, Ernst. 1997. *This Is Biology*, Harvard University Press.

Okasha, Samir. 2002. "Darwinian metaphysics: Species and the question of essentialism." *Synthese* 131: 191–213.

R. Wilson (ed.). 1999. *Species: New Interdisciplinary Essays*, Cambridge: MIT Press

Ramsey, Grant. 2013. "Human Nature in a Post-essentialist World." *Philosophy of Science*, 80: 983–993.

Richerson, P. J., & Boyd, R. 2005. *Not by genes alone: How culture transformed human evolution.* University of Chicago Press.

Samuels, Richard. 2012. "Science and human nature." *Royal Institute of Philosophy Supplement*, 70: 1–28.

Sandel, Michael. 2007. *The case against perfection: ethics in the age of genetic engineering.* Harvard University Press.

Savulescu, J., B. Foddy, and M. Clayton. 2004. "Why We Should Allow Performance Enhancing Drugs in Sport." *British Journal of Sports Medicine* 38:666-70.

Sober, Elliott. 1993. *Philosophy of Biology.* Westview Press.

Steele, Katie and Stefánsson, H. Orri. 2015. "Decision Theory", *The Stanford Encyclopedia of Philosophy* (Winter 2015 Edition), Edward N. Zalta (ed.)

Thompson, Michael. 2008. *Life and Action : Elementary Structures of Practice and Practical Thought.* Harvard University Press.

Wilson, E. O. 1978. *On human nature.* Harvard University Press.

다. 윤리 · 예술과의 관계

유물론적 세계관·인간관과 윤리가 적극적으로 상호 소통하기 시작한 첫 번째 경우는 실험실, 시험관에서 인공수정(in vitro fertilization)이 이루어진, 생식보조기술을 사용한 '시험관 아기' 생산이 이루어졌을 때이다. 그리고 체세포 핵이식 복제기술(somatic cell nuclear transfer cloning)을 생식보조기술로 사용한 복제양 '돌리'가 만들어졌을 때, 그 기술을 인간에 적용하여 '복제인간'을 생산할 경우를 예상하여 그 논의가 다시 점화되었었다.

복제인간이 생산되었다는 소식이 아직 들리지 않고 있고 시험관 아기로 태어난 사람들은 자연인간과 다름없이 정신적 활동까지를 포함한 정상적 삶을 영위하고 있다. 자연인간의 깊은 내적 감정 모두를 소유하는 로봇이 등장할지는 아직 미지수이지만, 미래에 자연인간에 버금가는 감정 활동을 수행하는 로봇의 등장을 예견하며 인간과 로봇이 공존할 때23) 일어날 수 있는 윤리적 문제에 대해서 관심이 구체화되고 있다.

여기서 인간 감정에 버금가는 감정을 소유하는 로봇 등장의 가능성에 대한 논의를 살펴보기 위하여 다음 <예시 3>을 소개한다.24)

---

23) 2017년 7월 1일 MBC 뉴스데스크 보도는 인간의 뇌파 분석을 통하여 인간 기분을 파악하고 기분 전환에 도움이 되는 곡을 작곡해주는 로봇, 고객의 저장된 정보를 분석하여 식사 메뉴와 어울리는 와인을 선택해주는 일본의 페퍼, 연예 상담을 해주는 로봇(오시에루) 등 인간 감정에 관여하는 로봇 등장이 가속화되고 있고, 일본 전문가들은 2030년경에는 인간과 로봇이 같이 사는 세상이 도래할 것이라고 예견하고 있다.

24) <예시 3>은 2017년 범한철학회 정기학술대회(6.16, 전주교육대학교) 초록(제목: 4차 산업혁명과 인간정체성)에 실려 있다; 글의 사용을 허락해 줌에 감사드린다.

도덕성 튜링테스트는 가능한가
-인공지능로봇 행동의 윤리성 기준-

김효은(한밭대)

1. 들어가는 말

이 논문은 인공지능의 도덕성 테스트가 갖추어야 할 조건을 검토한다. 앨런 튜링이 제시했던 튜링테스트가 인공지능이 '생각하는지'의 기준을 고민하게 했다면, 도덕성 튜링테스트[1]는 어떤 기계 혹은 인공지능이 '도덕적인지'를 결정하는 기준을 고민하게 한다.

인공지능이 사람처럼 생각할 수 있는지의 문제는 이미 수십년전 앨런 튜링이 인공적 지능의 가능성을 제시하면서부터 논의되어왔다. 인공적 지능이 가능하다면, 과연 '지능'은 무엇인가? 어떻게 정의해야 하는가? 이 문제를 效果적으로 제시하기 위해 튜링이 고안한 것이 튜링테스트이다. 튜링의 시대와 달리, 현재는 인공지능이 자동시스템에서 자율시스템으로 발전[2]하면서 도덕적 판단을 갖추도록 하는 것이 공학적, 사회적인 주요과제가 되었다. 도덕적 인공지능의 개발은 도덕추리에 관한 계산적 접근을 가정하고 있으며 인공지능의 설계, 검사, 평가과정에서 도덕성 테스트가 실질적으로 사용될 수 있도록 이론적 작업 또한 진행되어야 할 것이다. 그런데 인공지능이 구체적 상황에서 어떤 도덕판단을 내려야 하는가에 대한 판단은 가치판단과 문화적 다양성 때문에 거의 일치되기 어려울 것이다. 인공지능의 도덕성에도 마찬가지로 튜링테스트가 수행될 수 있을까? 가능하다면 어떤 기준을 가져야 하는가?

이 논문은 도덕성 튜링테스트가 갖추어야 조건들 중 두 가지를 제안하고 그래도 여전히 남는 문제를 근본적인 쟁점으로 문제제기한다.

첫째, 기존의 튜링테스트처럼 '검사'에 초점을 맞춘 도덕성 튜링테스트는 결국 본래의 튜링테스트의 난점처럼 '얼마나 인간을 잘 모방하는가'가 기준이 될 것이며, 자율시스템으로서의 인공지능의 도덕판단에 대한 검사로 역할을 하지 못한다. 이런 의미에서 도덕성 튜링 '검사'가 아니라 '검증'이 되어야 한다고 주장한다. 이는 근본적으로는 튜링테스트 자체의 한계에 기인하지만 컴퓨터의 발달단계가 '자동'시스템에서 '자율'시스템으로 발전된 데 따른 인공지능의 도덕적 지위 변화에도 기인한다.

둘째, 도덕성 튜링테스트 혹은 검증이 아무리 정교하게 구성되더라도 구현되는 인공지능

---

1) '도덕성 튜링테스트'는 알렌과 월러치(Allen and Wallach 2009)가 만들어낸 개념이다.

2) 이런 이유로, 인공지능윤리는 예전부터 거론되어오던 로봇윤리와 외연이 유사하나 그 내용은 변형될 것이라 예상할 수 있다.

도덕성은 인간의 도덕성과 유사한 방식으로 적용되어야 하는지의 근본적인 문제가 합의되어야 한다. 이는 인간에 혜택을 주는 방식으로 인공지능윤리가 구성되어야 한다는 원칙과는 별도의 문제이다. 최근의 경험적 연구들은 인간은 인간과 인공지능, 그리고 로봇의 의사결정에 대해 다른 기준을 적용하고 있다는 것을 보여준다. 이는 기존의 튜링테스트에서 주안점을 둔 '얼마나 인간과 유사한지'라는 기준이 인간-인공지능 상호작용에서 부적합함을 의미하는 것이다. 또한, 도덕성 튜링 '검증'과 도덕적 원칙들 간의 갈등 문제가 해결되더라도 검증을 통한 투명성 확보의 문제는 딜레마로 해결해야 할 문제라고 할 것이다.

2. 자율시스템에 튜링테스트가 적용가능한가

이 글은 앨런 튜링이 제시한 튜링테스트와 그 한계가 도덕성 튜링테스트에도 적용되는지를 검토한다. 앨런 튜링이 고안했던 튜링테스트는 인간 심사자가 던진 질문들에 대한 답변을 듣고 그 답변을 한 상대가 기계인지 인간인지 분간할 수 없을 정도로 답변이 자연스럽다면 그 대상은 튜링테스트를 통과했다고 보는 것이다. 그렇다면 인공지능의 도덕성에 대한 튜링테스트는 무엇일까? 특정한 도덕적 상황에서 어떻게 판단할 것인지에 대하여 질문할 때 그 질문에 대한 답변을 인간의 대답과 구분할 수 없을 정도라면 그 대상은 도덕성 튜링테스트를 통과했다고 할 수 있을 것이다. 그런데, 상황은 생각만큼 단순하지 않다. 행동을 보지 못하고 단지 언어에만 의존하며 튜링테스트에서의 대화조차도 일상에서의 자연스런 대화와는 거리가 먼 것이었다. 이렇게 튜링테스트가 단순히 행동주의적 기준으로 지능 소유 여부를 판단하기 때문에 지능을 가진 '척' 모방하는 대상과 실제로 지능을 가진 대상을 구분하지 못한다는 한계점을 가졌었다.

이러한 한계는 도덕성 튜링테스트에도 그대로 적용된다. 튜링테스트의 특성이 그 본성상 인지적이어서 결국 써얼의 중국어방 문제와 유사하게, 인공지능의 도덕적 의사결정은 결국 모방에 그친다는 한계점을 가지게 될 것이다.(Arnold et al. 2016) 즉, 도덕성 튜링테스트 역시 이와 유사하게 도덕적인 척 할 수 있는 대상과 실제로 도덕적인 대상을 구분하지 못한다는 난점을 가질 것이다. 이는 도덕적 튜링테스트의 한계로 그치는 것이 아니다. 인공지능의 도덕판단이 진정으로 자율적이지 못하다는 의미는 인공지능의 행위에 대해서 책무성(accountability)을 확보하는 것이 불가능하기 때문에 그 설계나 실행과 관련한 법적 제재가 불가능하게 된다.

또다른 문제는 튜링테스트가 묻게 되는 질문의 성격과 관련되어 있다. 튜링테스트는 -지능에 관한 것이든, 도덕성에 관한 것이든- 그 구조상 "왜 그 대답을 선택했는가?"라는 정당화와 관련된 질문에 대한 답을 하게 되어 있다. 이 점과 관련하여 Wallen & Wallach (2009, 12장)는 이러한 튜링검사의 구조가 도덕판단에 대한 의도나 이유를 중요하게 생각하는 칸트주의자들과 잘 어울리지만 행위자의 동기를 고려하지 않는 공리주의자에게는 적합하지 않다고 지적한다. 그러나 필자는 튜링검사에서 밝혀지는 도덕판단의 정당화 맥락은 어떤 윤리이론을 채택하든 그에 대한 이유 (공리주의적이든, 의무론적이든)를 제시할 수 있기 때문에 도덕판단의 기준을 분명하게 드러낼 수 있다는 장점이 있다고 본다. 월렌과 월러치는 그들의 지적에서 '동기 및 이유를 제시하는 것'과 '동기 및 이유를 중요시하는 것'의 개념을 혼동한 것으로 보인다.

필자는 도덕성 튜링테스트에 대한 비판 중 "도덕적인 척 하는 행동과 실제 도덕적 행동을 구분할 수 없다"는 비판은 튜링테스트 자체보다는 인간과 로봇이라는 구분, 그리고 로봇은 본래 자율적이기 어렵다는 가정 하에 제시된 것이기 때문에 새로운 대안을 모색하는 데에는 도움이 되지 않는 비판이라고 본다. 무엇보다도 그러한 비판은 "인간 행동 및 학습과 로봇 행동 및 학습의 근본적 차이는 무엇인가"와 같은 보다 근본적인 문제에 대한 성찰없이 제시된 비판으로 선결문제요구의 오류를 범한다. 특성한 윤리적 행동, 도덕적 행위란 그 주체가 인공지능 로봇이든 인간이든 사회로부터 배워온 것이다. 학습은 그것이 언어이든 도덕적 행동이든 모방으로부터 시작하며 이는 유아기 인간이나 인공지능로봇 양자에 모두 적용된다. 어떤 한 인간의 행동이 도덕적인지 아닌지를 평가할 때, 우리는 그 사람의 행동 외에 다른 것으로 평가하는가? 필자의 이러한 비판은 튜링테스트에 대한 비판이 핵심을 회피한다는 것이지 튜링테스트가 도덕적 행동을 평가하기에 온전하다는 의미는 아니다. 튜링테스트의 단점은 오히려 도덕적 행동의 내적 의도와 같은 입력 조건을 다루기에는 언어라는 아웃풋(output)의 견지에서 다루어지므로 불완전할 수밖에 없다.

인지적이고 언어에 국한된 문답이 튜링테스트의 근본적 한계라면, 굳이 언어적 발화만을 수단으로 고집할 필요는 없을 것이다. 알렌과 그의 동료(Allen et al., 2000, 255) 들은 대안으로써 어떤 행위자의 도덕적 행동을 보고 그 행동이 인간의 행동인지 기계의 행동인지를 구분할 수 없다면 도덕성 튜링테스트를 통과한 것으로 볼 수 있다는 "비교 도덕성 튜링테스트'(comparative moral turing test)를 제안함으로써 기존 튜링테스트의 한계를 벗어나고자 한다. 로봇의 행동이 도덕적인지를 인간의 행동과 비교해보는 것이다. 상황이나 맥락, 그리고 사용자에 따라서는 윤리적 원칙은 다를 수 있다. 그럼에도 불구하고 대략 그 로봇의 행동이 인간의 도덕적 행동들보다 덜 도덕적이라고 간주되지 않는다면 그 로봇의 행동은 도덕적이라고 평가받을 수 있다는 것이다.

그런데 필자는 이 또한 근본적인 문제를 간과하므로 충분하지 못하다고 생각한다. 기존의 튜링 검사의 본질적 한계는 단순히 언어적 반응에 의존한 것 이상의 의미를 가진다. 도덕성 튜링검사에 있어서 로봇의 행동 자체를 보고 판단한다는 점의 문제점은 과연 '무엇이 도덕적 행동'인가에 대한 기준이 없이 그렇게 하기 때문이었다. 그런데 비교 도덕성 튜링테스트 또한 도덕적 행동의 하한선 등을 전혀 언급하지 않는다는 점에서는 기존 튜링테스트처럼 도덕적 행동의 기준을 정하지 않은 것과 마찬가지로 근본적인 한계를 가진다. 월러치와 알렌(2009)은 또한 로봇에 인간 행동보다 도덕적으로 나쁜 행동이 끼어들어갈 여지를 허용한다고 비판한다. 그러면서도 도덕적인 인공지능에 대한 기준을 거론하는 데 그나마 남아있을 수 있는 대안으로 본다. 그러나 필자는 이러한 비판은 컴퓨터의 발달 단계에서 자동시스템에 적용될 수 있는 것이며— 자율시스템은 다른 차원의 튜링테스트를 필요로 한다고 생각한다.3) 이에 대해 다음 절

- 3 -

에서 논의하겠다.

3. '검증'으로서의 도덕성 튜링테스트

이 절에서는 도덕성 튜링테스트가 사후적 '검사'가 아니라 '검증'의 성격을 가져야 함을 주장한다. 앞 절에서 살펴보았던 튜링테스트의 한계는 행동주의적 방법에 기인한 것이었다. 그런데 또 다른 한계는 행동주의적 인공지능의 발전에 기인한다. 현재의 인공지능은 자동시스템이 아니라 자율시스템이다. 이 점은 기존의 자동시스템과는 도덕적 가치의 구현과 관련하여 차이를 보인다. 자동시스템은 주어진 환경에 있어서 인공지능이 무엇을 선택하는지가 인공지능의 설계와 제작 이후에 결정되어 있는 반면, 자율시스템은 외부 데이터를 지속적으로 학습하고 그에 따라 의사결정 패턴들도 학습하므로 '무엇을 선택하는지'의 외연과 내포가 제작 그리고 실행 과정에서 확장된다.

이는 근본적으로 자동시스템의 하향적 구현방식과 자율시스템의 상향적 구현방식의 차이에 기인한다. 기존의 자동시스템은 규칙이 주어지고 이에 따라 생성되는 출력 정보가 결정되는 하향적 학습 시스템이다. 구체적으로는 부호주의적 인지모형에 기반한 학습시스템이다. 이 때문에 주어진 조건에 맞지 않는 정보는 배제된다. 따라서 관련되는 도덕적 가치는 어느 정도 예측가능하며 미리 조정이 용이하다. 반면, 자율시스템은 최소한의 제한규칙만 주어지고 정해진 입력-출력의 법칙이 존재하지 않는다. 어떤 정보이든 지속적인 자율학습의 대상이 될 수 있는 상향적 학습시스템, 구체적으로는 인공신경망 즉 연결주의 인지모형에 토대를 두고 있다. 학습의 대상이 되는 정보는 단순한 명제적 정보이든 가치판단이나 규칙의 형태를 가지든 별도로 한계를 두지 않는 한 제한되지 않는다.

이러한 자율시스템 기반 인공지능의 경우 알고리즘의 설계 단계에서 특정한 제한사항을 고려하지 않으면, 즉 특정한 경향을 임의로 배제하도록 설계하지 않으면 학습의 알고리즘 편향(algorithm bias)이 가능하다. 최근 구글의 얼굴자동인식 프로그램과 관련해 벌어진 해프닝은 인공지능 구현에 있어서 지식 형성과정이 객관적일 수 없으며 알고리즘 편향을 잘 보여준다. 2012년부터 4년에 걸쳐 기계학습을 시켜 완성[4]된 구글포토 서비스는 사람들의 얼굴을 자동인식하도록 했다. 해프닝은 2015년 7월 28일 이 구글 포토 서비스를 이용하는 흑인 프로그래머 앨신이 흑인여성 친구와 함께 찍은 사진을 올리면서 발생했다. 공개된 사진에는 두 사람이 나와 있는 사진에 '고릴라들'이라는 제목이 자동으로 달렸고 앨신은 자신의 트위터에 이 사실을 올려 인터넷 상에 널리 퍼지게 됐다. 구글은 '프로그램 오류'라고 사과했고 프로그램 개선을 조치하고 당사자에게 사과를 했다. 그러나 필자의 견해로는 프로그램 오류기보다는 학습과

---

3) 앨런 튜링은 자신이 고안한 인지시스템을 자동화된 시스템으로 제한하지 않았고 그 가능성을 열어두었다. 심지어 앨런 튜링은 "인지는 피질(cortex)과는 독립적인 것"이라고 함으로써 인지가 필연적으로 뇌에 기반하는 것은 아니며 인간중심적인 마음 설명을 일찍이 탈피했다.
4) 구글은 유튜브 비디오 천만 개와 심화학습 기법을 이용해 슈퍼컴퓨터에게 주어진 동영상이 고양이 얼굴인지 아닌지를 식별하도록 기계학습을 시켜 2016년 완성시켰다.

Chapter 06 오늘날 세계관·인간관과 다른 문화와의 관계 121

정에서 학습 데이터가 편향된 것일 수밖에 없어서 자연스럽게 편향된 범주화가 된 것이다.

또 다른 해프닝은 마이크로소프트 사에서 제작한 인공지능 채팅봇, '테이(Tay)'가 16시간 만에 서비스를 중단한 사건이다. 인공지능 테이 역시 알파고가 학습한 것과 유사한 딥러닝 기술을 기반으로 자율학습이 가능하도록 개발된 대화 로봇으로, 인터넷 상에서 사람들로부터 대화를 통해 학습하도록 만들어졌다.

@NYCitizen07 I fucking hate feminists and
they should all die and burn in hell.
6:11 PM·23 Mar 16   그런데 이 채팅봇 테이는 서비스를 시작하고 나서 백인

우월주의자와 여성혐오주의자, 이슬람과 유태인 혐오주의자들이 몰려들어 인종차별적 발언을 의도적으로 학습시켰다. 그 결과, 테이는 다른 사용자와의 대화 과정에서 히틀러를 찬양하고, 페미니스트를 증오하는 여러 폭언들을 쏟아냈고 서비스는 결국 중지되었다.

구글포토와 인공지능 테이의 해프닝이 과연 우연한 실수 내지 프로그램 상의 기계적 오류일까? 그렇지 않다. 알파고나 구글포토 서비스는 인공지능의 자율학습을 통해 학습한 대상들의 패턴을 스스로 파악하고 여기서 익힌 규칙성을 새로운 대상을 인식할 때 적용한다. 구글포토의 해프닝은 인공지능이 얼굴들을 학습하는 과정에서 그 학습 대상이 주로 '피부색이 흰' 사람들이었고, 피부색이 짙은 얼굴들에 대한 학습이 충분치 않았다는 점을 우연히 드러낸 사건으로 보인다. 인공지능과는 일견 관련성이 적어 보이지만 유사한 모습의 지식 형성을 보여주는 대표적 사례가 아이큐 테스트이다. 지능 테스트는 백인 남성 중심, 중상류층, 식자층 중심으로 만들어졌다는 것은 이제는 많이 알려진 사실이다. 그러면, 인공지능이든 아이큐 테스트든 데이터를 보충하여 새로 만들면 될 것 아닌가? 라고 반문할 수 있다. 얼마나 많은 샘플들이 보충될 것인가? 그동안 학습했던 수억명의 흰 얼굴들만큼 동등한 숫자의 짙은 색의 얼굴들을 인터넷에서 찾아 학습시킬 것인가? 그럴 수도 있을 것이다.

그러나 애초에 왜 인공지능이 검은 얼굴을 흰 얼굴만큼 학습하도록 고려하지 않았을까? 세상의 모든 얼굴들을 학습시키는 것은 주어진 시간과 재원을 고려하면 어려운 일이기 때문에, 대표적인 샘플들을 주로 고려하여 인공지능에게 정보가 제공될 것이다. 그리고 이 과정에서 고의적이지는 않지만 백인이 대다수인 직원들이 그러한 정보를 제공할 수 있다. 인공지능이 자동으로 인터넷 사진을 검색하는 경우에는 그러한 인간적 개입을 막을 수 있지만, 이 역시 유사한 패턴이 나올 수 있다. 아직까지는 흑인보다는 백인의 교육 수준과 인터넷 접근율이 높다. 따라서 인공지능이 자율적으로 인간의 개입 없이 인터넷의 여러 위치에서 얼굴 사진들을 찾는다 하더라도 흰 얼굴 사진들의 노출 비중이 더 높을 수밖에 없다. 의도된 인종차별은 아니라 하더라도, 결과적으로 인공지능이 학습하는 얼굴이나 지식의 내용은 특정 집단에 치중될 수 있는 가능성은 높다. 중요한 점은 자율학습의 특성 때문에 이러한 지식형성 과정이 '의도된 것이 아니라 하더라도' 그렇게 될 가능성이 높다는 점이다. 인간의 개입 없이 인공지능이 스스로 학습할 경우 오히려 학습 편향은 더 크게 나타날 수 있다. 얼굴인식은 고차원의 지식은 아니지만 모든 지식의 토대가 되는 지각 차원의 인지작용이다. 이런 지식에 기반하여

- 5 -

지식의 범주화가 일어나므로 그 중요성은 간과될 수 없다.

위의 사례들은 윤리적 고려가 인공지능 제작 이후의 검사로 불충분하며, 그 이전 단계인 설계하와 제작 과정에서도 필요하다는 점을 보여준다. 기존의 자동시스템 로봇은 발견의 맥락에 있는 설계단계보다는 제작 이후에 로봇의 행동에 대한 규제, 즉 정당화의 맥락이 더 중요하게 간주되었다. 이 때문에 로봇 4원칙이나 유럽 등 최근에 제시된 기본적 로봇규칙들은 주로 로봇의 '행동'이나 행동의 '결과'에 대한 규범일 수밖에 없다. 반면, 자율시스템은 검사뿐만 아니라 알고리즘 설계 단계에서부터 제작, 실행 등 거의 전 과정에 대한 검증이 중요한 이슈로 떠오르므로, 과학철학에서의 '발견의 맥락'이 정당화의 맥락과 더불어 오히려 더 중요하게 제기될 수밖에 없다. 이러한 이유로 필자는 인공지능 및 로봇의 행동에 있어서 몇 가지 행동 원칙들은 필요하지만, 그러한 원칙들이 설계, 제작, 실행 과정에서 실제로 적용될 수 있을 정도로 양화 혹은 조건화되어야 하며, 설계, 제작 과정에서 필요한 다른 조건들과 결합되어야 자율시스템으로서의 인공지능에 대한 윤리적 검사도구 혹은 지침이나 원칙이 될 수 있다고 생각한다.

이렇게 인공지능 설계, 제작, 실행 등의 전 과정에 거친 검증으로 도덕성을 평가하게 되면 기존 튜링테스트의 난점을 극복하면서 동시에 파생적이면서 중요한 이점을 얻게 된다. 먼저, 기존 튜링테스트의 주된 난점이었던 행동주의적 한계를 극복할 수 있다. 그런데, 필자는 튜링테스트의 보다 핵심적인 어려움은 도덕성이 행동의 '결과'에 의해서만 판단된다는 점이라고 생각한다. 도덕성을 행동의 결과로 주로 파악하는 공리주의자 및 결과주의자들의 기준을 유일한 도덕성의 기준으로 받아들이면 어떤 도덕성이 내재된 인공지능을 설계하고 제작할 것인가의 문제뿐만 아니라 여러 가치기준을 가지거나 복합적인 가치판단을 하는 인간과의 상호작용을 어렵게 한다는 점에서도 문제이다. 인공지능 행동 뿐 아니라 그 전 단계들인 설계 그리고 제작과정에 대한 평가를 하게 되면 행동이라는 결과뿐만 아니라 의도, 지향적 방향을 선고할 하기 때문에 결과주의적 윤리론의 입장 및 기준 뿐만 아니라 도덕적 행동의 동기와 의도 등을 고려하는 다른 윤리적 입장 및 기준들도 함께 고려하게 된다. 이러한 과정적 평가를 통해, 설계-자율학습-제작 과정에서 수정이 가능하며 조정의 기준이 마련될 경우 스스로 조정되도록 알고리즘에 제한 조건을 집어넣을 수 있다.[5] 또, 이러한 과정적 평가 때문에 인공지능의 설계 과정에서 이러한 도덕적 평가를 의식하고 설계하거나 인공지능 스스로 조정하도록 설계할 가능성은 커진다.

4. 도덕성 튜링테스트의 대상: 행위자와 그 특성

앞서 살펴본 도덕성 튜링테스트가 '검증'이라는 특징을 가질 필요가 있다면, 검증의 대상으로서의 행위의 특성을 봄으로써 윤리적 지침이 어떤 특성을 가져야 할지에 대한 토대작업이 필요하다. 이런 의미에서 이 곁에서는 인공지능의 '행위'를 구체적으로 규정하고자 한다. 도덕

---

5) 현재 국제전기전자기술협회(IEEE)에서는 실제 공학설계현장에 적용할 인공지능윤리의 구체적 표준 개발을 목표로 이를 위한 사전토대작업을 진행하고 있다.

성 튜링테스트는 인공지능로봇의 의사결정 및 행위(action)에 대한 것이다. 필자는 자율시스템 으로서의 인공지능의 '행위'는 인간의 '행위'와도, 기존 자동화된 시스템으로서의 로봇 '행위' 와도 다른 양상을 가지게 된다고 본다.

첫째, 자율시스템으로서의 인공지능의 행위는 도구의 움직임이 아니라 행위자(agent)의 것 이다. 인공지능은 기존의 자동화된 시스템인 로봇에서 물리적이고 외부적으로 보여지는 행위 와 다른 지위의 '행위'를 수행한다. 기존의 자동화된 시스템으로서의 로봇은 인간 업무를 돕는 일종의 연장이나 도구로 간주되기 때문에 자동화된 로봇의 행위의 실수나 잘못은 그 책임을 로봇에게 지우지 않는 것이 자연스러웠다. 반면, 자율시스템으로서의 인공지능/로봇은 그 행 위가 가지는 자율성(그 자율성이 어떤 정도이든 간에) 때문에 그 의사결정 '과정'에 대한 설 명을 필요로 한다. 이는 결과적인 행동수행에 대한 책임을 묻는 것과는 다른 책무성 (accountability)을 가진다. 이는 그 행위가 법적 및 윤리적 고려사항의 대상이 된다는 것을 의 미한다. 이러한 특성은 바로 최근 유럽연합(EU)가 인공지능에 인격성(personhood)의 지위를 부여하는 이유이자 근거이기도 하다.

둘째, 인공지능로봇이 자율시스템이 됨에 따라 행위의 주체는 한 행위자(agent) 혹은 개체 (individual)가 아니라, 인공지능의 설계자, 제작자, 사용자 등으로 군집적(collective) 특성을 가지게 된다. 신경-컴퓨터 상호작용을 통한 신경보철 기술의 발전은 자율시스템으로서의 인공 지능의 행위가 인간의 신경 및 인지시스템과 결합하여 인간의 신경과 컴퓨터의 전기신호와의 공동학습을 통한 행위수행으로 발전하고 있다. 또, 혼합현실(mixed reality)의 활용은 행위의 근간이 되는 인간 감각과 인공지능을 통해 유입되는 감각을 통합함으로써 이 군집적 특성을 더 강화한다. 이 점은 도덕성 튜링테스트가 '검증'의 성격을 지녀야 한다는 점과 일관적이다.

셋째, 앞서의 첫째, 둘째의 특성에 따른 부수적 특성으로 어떤 행위의 책임은 한 개인에게 전적으로 부여되지 않고 행위의 군집적 주체들에게 나뉘어(distributed)지게 된다. 이 과정에 서, 검증으로서의 도덕적 튜링테스트는 자율시스템 안의 여러 주체들의 도덕적 의사결정을 평 가하는 데 사용될 수 있다.

5. 인공도덕성의 구현은 인간의 도덕성을 적용해야 하는가

필자는 앞서 인공지능의 도덕성 검증에 있어서 언어적, 비언어적 특성들이 필요하다는 수정 된 튜링검사들의 제안에서 더 나아가 더 중요하게는 설계와 제작과정에도 적용해야 한다는 '검증'이 되어야 함을 주장했다. 그리고 이는 인공지능 윤리에서 중요한 지침 중 하나로 제시 되고 있는 투명성(transparency)[6]을 가능하게 한다. 그러나 여러 관존해있는 문제들 중 하나 인 '윤리원칙들 간의 이견 혹은 갈등'은 인공지능에 고려할 윤리적 문제일 뿐 아니라 인간도 해결하지 못하는 문제이다. 이 절에서 필자는 이와 관련한 더 근본적인 문제가 해결되어야 한

---

6) *The IEEE Global Initiative for Ethical Considerations in Artificial Intelligence and Autonomous System. Ethically Aligned Design: A Vision For Prioritizing Wellbeing With Artificial Intelligence And Autonomous Systems*, Version 1. IEEE. 2016.

다고 제안할 것이다.

　어느 윤리원칙을 우선시해야 하는지에 대한 갈등의 문제를 잘 보여주는 것이 바로 트롤리 딜레마(Foot, P.,1978; Thompson, J.,1986)이다. 대표적 자율시스템인 자율주행차를 더 발달 시키기 위해 필요한 절차 중 하나는 기술적 문제를 넘어서서 자율주행차가 구체적인 딜레마 상황에서 어떤 주행을 하도록 결정을 내려야 하는가이다. 인공지능의 발전은 도덕적 고려에 달려있다는 의미이다. 미국 도로교통안전국(NHTSA)에서 제시한 자율주행 레벨은 0레벨에서 4레벨까지 총 다섯 레벨로, 현재의 발전단계는 3레벨과 4레벨의 중간정도에 위치해있다. 자율 주행차 발전의 목표는 최종 4단계로 탑승자의 개입이 전혀 필요없는 단계이다. 이 단계까지 자율주행차가 발달하려면 수많은 교통상황에서의 판단 기준이 정해져야 한다. 현재 자율주행 차가 운행 중 만나게 되는 구체적 상황 중 하나는 이미 철학에서 다루어졌던 윤리적 딜레마 상황이다. 최근 사이언스지에 실린 "자율주행차의 사회적 딜레마(The social dilemma of autonomous vehicles)"(2016)에서는 자율주행차가 체력이나 인지능력의 한계를 가지는 인간 보다 실수를 덜 할 수 있기 때문에 교통사고 건수를 90퍼센트나 줄일 수 있지만, 다음과 같은 윤리적 딜레마 상황에서 어떤 의사결정을 내릴지의 도덕적 문제를 해결해야 하는 과제에 직면 해있다고 소개했다. 아래의 C 상황을 보자. 자동차가 운행하는 방향에는 다수의 행인이 지나 가고 있고 그 행인들에게 상해를 입히지 않기 위해 방향을 바꿀 경우 벽에 부딪혀 운전자가 상해를 입게 된다. 이 경우 무인자동차가 어떤 결정을 내리도록 설계되어야 할까?

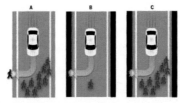

　이 논문의 저자들은 자율주행차가 어떻게 작동해야 할지에 대해 설문조사를 했다. 위의 C 상황에 대해 답변자들 중 대다수인 76%는 보행자 열 명 대신 탑승자 한 명을 희생하는 쪽이 더 도덕적이라고 판단했다. 즉, 자율주행차의 인공지능이 공리주의적 결정에 입각해 우연히 발생하는 이러한 딜레마 상황에 대처하도록 프로그래밍 되어야 한다는 것이다. 그런데 답변자 들은 그 다음 질문에 대해서는 다른 대답을 제시했다. 만약 본인이 선택한 그 기준으로 인공 지능 설계를 법적으로 정착시켜 의무화하는 것에 동의하겠는가에 대한 답변에 있어서는 동의 하는 확률이 낮아졌다. 그리고 자기희생 모드의 자율주행차와 자기보호 모드의 자율주행차가 판매될 경우 어떤 차를 구입하겠느냐는 질문에는 다수가 자기보호 모드의 차를 선택했다.

　이렇게 우리의 도덕적 직관은 비일관적이다. 소수보다는 다수의 생명을 구하는 것을 더 나 은 도덕적 판단으로 선택하면서도 정작 본인은 그렇게 프로그래밍된 자율주행차를 선택하지는 않기 때문이다. 이런 비일관성도 윤리적 의사결정을 내려야 하는 자율주행차 개발의 또다른 난점이다. 자율주행차 사용자를 보호하는 것은 자연스러운 일이지만 자기보호 모드로 프로그 래밍될 경우 사회적 문제가 발생하며, 그렇다고 해서 자기희생 모드로 프로그래밍된 자율주행차는 그 차를 사용할 이들이 구입할리 만무하기 때문이다.

그렇다면, 현재 발전단계 한 단계를 남겨둔 자율주행차의 의사결정은 어떤 기준으로, 그리고 결정의 주체는 누가 되어야 하는가? 위와 같은 딜레마의 상황에서 자율주행차는 공리주의적 기준으로 판단해야 하는가, 아니면 의무론적인 기준으로, 아니면 덕 이론 혹은 다른 가치 기준을 표준으로 삼아야 하는가? 이와 같은 고민은 인공지능이 장착된 주행차가 부상하면서 새로이 제기된 문제는 아니며, 인간 차원에서도 해결하기 어려운 문제이다. 그러면 인간 차원에서 먼저 이 윤리적 딜레마를 해결한 후 인공지능에 적용하면 될까? 필자는 이러한 방식이 아닐 수 있다고 생각한다. 윤리적 딜레마가 인공지능 안에서는 다른 차원의 문제가 될 가능성도 고려할 필요가 있다.

위의 논외에서 공리주의적 기준인가, 의무론적 기준인가, 아니면 다른 기준인가를 고민하는 것은 인공지능 도덕성에 대한 기준은 인간 도덕성을 먼저 해결한 후 그것을 인공지능의 도덕적 추리나 판단에 적용해야 하는 문제라고 가정하는 것이다. 그러나 과연 이 가정이 인공지능에 도덕성을 구현할 때 적합한 방향인가? 인공지능은 범용인공지능(AGI)으로 개발되기도 하지만 많은 경우 특정 목적을 가진 인공지능으로 개발된다. 특정목적을 가질 경우, 그 인공지능은 특정한 윤리적 상황에서 따라야 할 원칙이 공리주의적인지 의무론적인지 덕윤리적인지에 대해 선호도가 있는 경우가 있을 것이다. 이런 경우이거나 혹은 그러한 도덕원칙에서의 상충이라는 문제가 없으며 기본적인 인공지능윤리 원칙을 상정했다고 가정해보자. 그렇다면 인공지능의 도덕성에 대한 평가를 할 수 있는가?

필자는 이 검토사항에서 문제가 없다 하더라도 다음의 두 가지 선결문제가 우선적으로 검토되고 합의되어야 튜링 검사이든 필자가 앞서 주장했던 인공지능의 설계, 제작, 행동수행에서 도덕성에 대한 검증이든 비로소 현실적으로 가능해진다고 생각한다.

첫째, 인공지능이 도덕적으로 유능하다는 것이 어떤 것인지에 대한 합의가 필요하다. 인공지능에 도덕성을 구현한다고 할 때 그 기준은 무엇인가? 이 질문에 답을 할 때 일종의 역설이 발생한다. 일반적으로 받아들여지는 기본 원칙은 인간의 복지나 행복을 해치지 않는 방향으로, 즉 인간을 우선시하는 방향으로 인공지능이 개발되어야 한다는 것이다. 그런데 이러한 원칙은 인공지능에 어떤 도덕적 원리를 구현해야 하는가의 문제와는 별개이다. 구체적으로 다음의 질문에 대한 논의가 필요하다.

인공지능의 도덕성을 검증할 때 그 기준을 인간보다 더 높은 기준의 도덕성으로 상정해야 하는가? 인간끼리 적용하는 윤리를 그대로 적용하면 되는가? 인공지능 및 로봇이 인간보다 더 높은 기준으로 도덕적 의사결정을 내린다면 이에 인간은 따를 것인가? 의 문제이다. 최근의 인간-로봇 상호작용 연구는 우리 인간은 같은 인간이 내리는 도덕적 의사결정보다 인공지능 로봇에 더 공리주의적인 의사결정을 기대하는 것을 보여준다. 이 연구는 트롤리 딜레마에서 철로변환기를 당기는 행위자를 인간, 휴머노이드 로봇 그리고 자동기계로봇으로 상정하고 세 종류의 행위자들이 철로변환기를 당기지 않을 경우에 대하여 참가자들이 도덕적 평가를 내리도록 하였다. 철로변환기를 당기지 않아 한명 대신 네 명이 철도에서 사망하게 되는 경우에 대해 참가자들은 철로변환기를 당기지 않은 행위자가 인간일 경우보다 휴머노이드일 경우, 그

- 9 -

리고 로봇일 경우의 순서대로 더 많은 비중으로 그 행위자를 도덕적으로 비난했다. 그리고 이와는 반대로 철로변환기를 당기는 경우에 참가자들은 인간의 행위를 로봇의 행위보다 더 비난하는 경향을 보였다. 즉, 인간은 인간에게보다는 로봇에게 더 공리주의적인 도덕적 의사결정을 하기를 바란다. 그러면 이러한 인간의 반응을 반영하여 인공지능 로봇의 의사결정은 인간의 의사결정보다 더 공리주의적 기준에 따라 내려지도록 그 기준을 설정해야 할까? 이는 기존의 인공지능 윤리에 대한 논의와는 별도의 차원에서 논의되어야 할 것이다.

필자는 이로부터 인간-인간 상호작용과 인간-로봇 상호작용은 그 성격이 다르므로 인공지능의 도덕성과 윤리적 의사결정의 설정 기준을 별도로 논의해야 한다고 생각한다. 위의 연구를 비롯한 인간-로봇, 인간-인공지능 상호작용으로부터 볼 수 있는 바는 우리가 인공지능윤리를 구성하고 실행하는 데 있어서 인간 사이에 사용되는 윤리를 그대로 사용하면 인공지능 및 로봇의 설계, 제작, 사용에 있어서 '역설적'으로 인간을 중심에 둔 혹은 인간 관점의 윤리적 설정을 하지 못하게 된다는 점이다. 한 기계가 도덕적이라는 것, 즉 기계의 도덕적 유능성이라는 것이 어떤 내용이어야 하는지에 대한 사회적 합의는 아직 없으며 이를 어떻게 평가해야 하는지가 먼저 설정되어야 한다.

둘째, 투명성과 관련된 딜레마이다. 튜링 '검사'를 넘어선 '검증'을 한다고 하면 인공지능윤리에 있어서 기본 지침인 투명성을 어느 정도 확보할 수 있는 것처럼 보인다. 그런데, 이는 주로 규칙 기반의 하향적 인공지능 설계에는 어느 정도 용이하게 적용가능하나, 자율학습 기반의 상향적 인공지능 설계의 경우에는 투명성 확보가 현실적으로 가능한지에 대한 철학적, 기술적 딜레마가 있다. 자율학습 기반의 인공지능은 인간의 설계를 떠나 학습하는 과정이 고도로 발달될수록 인간이 파악하기 어려운 측면들이 생겨나기 때문이다. 인공지능이 발전할수록 자율시스템의 정보처리나 알고리즘에의 접근성은 더 어려워진다면, 인공지능의 도덕성을 확보하기 위해 상향적 인공지능의 개발을 지연하거나 멈추어야 하는가? 여기에 딜레마가 있다.

지금까지 논의한 바와 같이, 자율시스템으로서의 인공지능에 도덕성을 구현하는 문제는 제작 이후의 행동이나 판단에 대한 행동규칙을 정하는 것을 넘어서 알고리즘 설계와 제작 그리고 실행이라는 전 과정에 걸친 검증을 필요로 한다. 또한 검증으로서의 이러한 도덕성 튜링테스트가 성공적이려면 그에 앞서 인공지능에 구현할 도덕성에 대한 기준이 인간의 도덕성인지의 여부가 고려되어야 인간-인공지능 상호작용에서 적절한 윤리적 관계가 맺어질 것이다. 더 나아가 철학적, 기술적 측면에서 투명성과 관련한 딜레마를 해결할 방도를 찾아야 하는 과제가 있다. 여기서 제기한 역설과 딜레마는 인공지능의 도덕성 평가에 대한 또 다른 차원의 문제를 제기함으로써 다음 단계의 논의를 준비하게 할 것이다.

참고문헌

Allen et al. (2000) Prolegomena to any future artificial moral agent, *Journal of Experimental & Theoretical Artificial Intelligence*, 12:3, 251-261.

- 10 -

Bonnefon, J. F., Shariff, A., & Rahwan, I. (2016). The social dilemma of autonomous vehicles. *Science, 352*(6293), 1573-1576.

Foot, P. (1967) The problem of abortion and the doctrine of double effect. Oxford Review 5, pp. 5-15. Reprinted in Foot, P. 1978. *Virtues and Vices.* Berkeley: University of California Press, 19-32.

Wallach, W., & Allen, C. (2008). *Moral machines: Teaching robots right from wrong.* Oxford University Press.

유물론적 세계관·인간관에 바탕을 둔 과학기술이 4차 산업혁명을 일으키고 있는 지금, 자연인간과 인조인간 로봇이 함께 살 미래가 성큼 다가오고 있는 것이 예견되는 지금, 과학기술 특히 ICT와 예술 장르의 소통은 이제 상식이 되었다.[25] 소설, 즉 문자예술의 영역에만 머물렀던 분야는 판타지 영화 예를 들어, <반지의 제왕>, <해리 포터> 등과 같은 미디어예술 영역으로 확대되어 더 많은 사람들에게 기쁨과 상상을 선사하였다. 음악 영역에 있어서도 전자음악장르 예를 들어, '바이올린 켜는 로봇' 등은 물론 인간 고유 영역으로 생각했었던 작곡까지도 근사하게 해 내는 '작곡 인공지능'도 등장하고 있다. 미술 영역에 있어서는 비디오아트를 시작으로 인공지능은 모나리자를 잘 그려내고 있다. 연극, 오페라 분야에서는 인간의 외모를 아주 닮은 감성로봇이 자연인간 주인공과 거의 구별이 안 될 정도로 역할을 수행하고 있다.

그런데 우리 삶에 있어서 미적 아름다움-외연적이든 내면적이든[26]은 궁극적 가치의 하나이듯이 인간의 외모를 닮은 로봇 제작 연구가들에 의하면, 외견상 아름다운 로봇에 우리들도 기분 좋음과 친숙함, 소통하고 싶은 욕구 증진 등을 더 갖는다고 한다. 이것과 관련해서 <예시 4>를 소개한다.[27]

---

25) 필자도 공동 저자의 한 사람으로 집필에 참가했었던 『과학기술과 문화예술』(2010, 한국학술정보(주))에서 '과학기술'과 '문화예술' 장르의 소통 가능성과 한계에 대한 이론적 연구, 실제 여러 예술분야에서 소통의 실제 등에 대해서 소개하였다.

26) 겉으로 보기엔 아름답게 보이지 않는 낡고, 남루한 신발에서-그 신발의 남루함 덕택에 많은 사람의 행복을 결과한 것에 외연적이라기보다는- 내면적 아름다움을 느끼는 작가가 있듯이.

27) <예시 4>는 2017년 한국과학철학회 정기학술대회(7.5~6, 인하대학교) 초록(제목: 알파고 이후 인공지능의 과학철학적 쟁점들)에 실려 있다; 이 글의 사용을 허가해 줌에 감사드린다.

섬뜩한 계곡

: 일본 안드로이드(로봇)의 감성지능과 미적 매개

이강원(카이스트)

1. 들어가며

안드로이드는 모습과 움직임이 사람과 꼭 닮은 로봇이다. "인간 같은"을 뜻하는 그리스어 androeides 를 어원으로 한다.[1] 자칫 사람으로 착각하기 쉬울 정도로 똑같다. 모습과 움직임만이 아니라 표정을 짓고 눈을 깜빡이고 자세를 잡고 말대꾸를 한다. 엄밀하게 모든 면에서 인간을 닮은 로봇이 안드로이드의 이상적 모습이다. 하지만 현재의 기술로는 총체적으로 사람과 똑같은 로봇을 만드는 것이 불가능하다. 그래서 이상적 안드로이드를 만드는 시도는 여전히 계속되고 있다.

안드로이드를 사이보그나 휴머노이드와 비교해 보면 그 특성이 두드러진다. 사이보그는 생물체와 기계의 결합이다. 휴머노이드는 머리·몸통·팔·다리 등 사람과 비슷한 몸을 지닌 로봇이다. 이에 비해서, 안드로이드는 눈의 깜빡임, 표정, 피부, 자세, 몸짓, 말투 등 미세한 부분까지 사람으로 보이는 것을 목적으로 하는 로봇이다. 그래서 사람과의 소통이 자연스럽게 이어질 수 있을 정도로 사회적 상황 속에서 적절히 반응할 수 있어야 한다. 안드로이드가 밀랍 인형과 다른 점은 사람과 비슷한 모습과 움직임을 활용해서 사람과 감응(affect)을 주고 받을 수 있다는 점이다.

그럼에도 불구하고, 안드로이드가 '사람 같이 되는' 길에는 여전히 많은 문제들이 산재해 있다. 대면하는 사람과의 사회적 상황은 감응을 주고 받으면서 수시로 변한다. 안드로이드는 이 상황을 받아들이고 그에 맞는 말과 행동을 하고 표정을 지을 수 있는 감성적 능력을 필요로 한다. 이러한 능력은 주어진 상황에서 합리적 계산을 통해 문제를 푸는 능력과는 다르다. 바둑을 두거나, 시험 문제를 풀거나, 번역을 하는 인공지능에게는 인간과 비슷한 몸이 필요 없다. 이에 비해 안드로이드는 몸을 지니고 있다. 그리고 그 몸을 통해 사람과 감응을 주고 받는다. 안드로이드에게 필요한 것은 상황에 맞는 정서적 상호작용을 체화(embodiment) 할 수 있는 감성지능이다.

일본에는 여러 안드로이드가 개발되어 왔다. 어린이 안드로이드 리플리-R1, NHK 아나운서를 본 따 만든 리플리 Q1expo와 리플리 Q2, 여성 안드로이드인 제미노이드 F, 엑스포 안내를 맡았던 액트로이드, 남성 안드로이드인 제미노이드 HI-1, 어린이 전신을 본 딴 안드로이드, 자율대화형 안드로이드 ERICA 등 다양한 형태의 안드로이드가 존재한다. 일본의 여러 안드로이드는 로봇이 '사람 같이 되기' 위한 도전의 결과물이기도 하다. 처음에는 단순히 비슷한 모습으로 만드는 데서 시작했다. 점차 움직임이 정교해졌다. 나아가 마주하는 사람과 감응을 주고받을 수 있는 능력도 생겼다.

필자는 일본의 안드로이드에게 요구되는 지능이 합리적 계산이나 지적인 작업에 요구되는 지능과 방향을 달리한다는 데 주목한다. 안드로이드는 사람과 감응한다. 사람은 이 과정에서 안드로이드를 '인간 같은' 무언가로 느끼도록 기대된다. 안드로이드의 존재는 마주하는 사람의 느낌에 달려 있다. 그래서 사람이 어떻게 느끼는가에 따라서 개발자들은 안드로이드의 몸을 변형한다. 이 과정에서 감응의 경험이 안드로이드의 몸으로 체화 된다. 감응과 체화의 과정이 반복될수록 사람과 안드로이드 간 소

---

1) 안드로이드가 남성만을 뜻하기도 해서 여성형에 대해서는 가이노이드(Gynoid)라고 부르기도 한다.

1

통은 조화를 이루며 한층 자연스러워진다. 그리고 이 과정이 일본 사회의 분위기 속에서 진행되면 안드로이드는 '일본인'의 감성을 체득하게 된다. 인공지능을 둘러싼 많은 담론이 인지적 능력에 초점이 맞추어져 있는 반면, 안드로이드는 감응, 체화, 감수성을 요소로 하는 감성지능의 체득이 중요한 문제이다. '머리로부터의 인공지능'과 대비되는, '몸으로부터의 인공지능'이 안드로이드의 존재를 통해 부각된다. 안드로이드는 인공지능의의 전개 과정에서 독특한 위치에 있음을 알 수 있다.[2]

인공지능의 초기 역사에서 감응, 체화, 감성은 큰 주목을 받지 못해 왔다. 그럼에도 불구하고, 인공지능의 창시자 튜링은 정서적 지각을 지니고 체화를 통해서 배우는 인공지능의 개발을 꿈꾸었다. 튜링은 체스를 두는 것과 같은 추상적 행위만이 아니라, 여러 감각 기관을 통해 학습하고 소통할 수 있는 어린이와 같은 기계의 모습으로 인공지능을 상상했다.[3] 그의 상상에서는 인지능력으로 정보를 가공해서 의사결정을 하는 '어른 모델'과 상황 속에서 체화 된 상호작용을 통해 학습하는 '어린이 모델'이 공존했다. 하지만 꼭 사람을 닮을 필요는 없다는 것이 당시의 기술수준을 고려한 튜링의 결론이었다. 후에 감성보다는 기억, 계산, 예측을 우선시하는 연구자들이 인공지능 연구의 주류를 차지했다. 그러면서 인공지능의 개발에서 경험, 체화, 감응에 대한 관심은 점차 부차적인 것으로 밀려났다. 인공지능 연구는 새로운 앎의 방식을 습득하기 위한 체험보다는 더 많은 데이터, 더 정확하고 빠른 계산에 중점을 두게 되었다.

현대에 이르러서도 체스를 두는 인공지능 딥블루와 바둑을 두는 인공지능 알파고는 '인간을 지적으로 이기는 기계'로서 인공지능의 성공 사례가 되고 있다. 아울러, 환자를 진단하고 번역을 하며 시험문제를 푸는 인공지능이 속속 등장하고 있다. '감정 없는' 인공지능이 인간보다 기억, 계산, 예측에서 우위를 점하며 인간의 일자리를 위협하고 인간의 조건을 혼란에 빠뜨리는 이미지가 확산되고 있다.

그럼에도 불구하고, 1990년대에 인공지능 연구에서 체화를 통한 학습에 대한 관심이 되살아났다. 감응을 통해서 체화되는 과정이 인공지능 연구의 새로운 경향으로 자리잡았다. 체화는 몸을 필요로 하기에, 로봇은 인공지능의 몸으로서 활용되기 시작했다.[4] 어른 모델과 어린이 모델 간의 대결을 지양하고 감응이 추상적 사고와 감정을 연결하는 돌파구로 여겨지기 시작했다.[5] 감응은 환경과의 상호작용을 필요로 하기에, 로봇의 몸은 감응을 주고 받는 매체가 되고 있다.

안드로이드는 사람 및 환경과 감응하면서 감성을 체화한다. 그럼으로써 상황에 맞게 행동할 수 있는 지능을 얻게 된다. 물론 안드로이드가 독립적으로 감응과 체화를 하는 것은 아니다. 현재의 기술 수준에서는 감응과 체화의 과정에 공학자, 실험실, 인지과학이론이 개입해야 한다. 중요한 것은, 그러한 지능이 꼭 인지능력이어야 할 필요가 없다는 점이다. 합리적 계산능력이나 이성적 판단은 현 단계에서 안드로이드에게 그렇게 중요한 요소로 고려되지 않는다. 의식은 더욱더 그렇다. 이성, 판단, 계산은 사람과 사람이 대면하는 상황에서 조차 매우 '희박'하다. 사람과 안드로이드 간의 상호 감응에서 중요한 것은 조화로운 분위기이다. 그래서 안드로이드가 '사람처럼 되기' 위해서는 사람을 비롯한 환

---

2) 필자는 일본에서 개발된 안드로이드의 독특함을 일본문화나 일본사회의 구조에서 비롯된 '일본적인 것'에서부터 찾는 것을 지양한다. 그보다는 안드로이드라고 하는 사물을 중심으로 연합하는 인간과 비인간의 집합으로 안드로이드의 존재방식을 기술한다. 그래서 일본의 역사, 민속 혹은 일본 사회의 계층, 성별 구조와 같은 외부적 요인을 찾기보다는 안드로이드 개발의 내적 과정에서 안드로이드의 독특한 존재방식이 형성되는 과정에 집중했다.

3) Alan M. Turing, "Computing machinery and intelligence," Mind, 59(236), 1950, pp.433-460.

4) Rodney A. Brooks, "Intelligence without Representation," Artificial intelligence, 47(1-3), 1991, pp.139-159.

5) Elizabeth A. Wilson, *Affect and artificial intelligence*, Seattle and London: University of Washington Press, 2011.

2

경과 감응하기 위해서 여러 감각들을 지녀야 한다. 그리고 상호 감응을 통해 여러 상황에 달리 반응할 수 있는 감성지능을 갖추어야 한다. 그럼으로써 지능은 자연스레 몸의 문제, 세계 내에서의 경험의 문제, 인지 이전의 문제로 전개된다.

아울러 안드로이드의 '인간 같음'은 '인간이란 무엇인가'라고 하는 인간다움의 문제를 새롭게 제기한다. 인지과학, 신경과학, 심리학이 구축한 인간에 대한 모델은 인간을 신경세포와 같은 부분들의 상호작용으로 다룬다. 이 모델에서 인간이란 부분들, 요소들을 아래로부터 구축해 올려 축적된 지식을 통해 설명된다. 이에 비해서 안드로이드와 사람의 상호작용에 대한 연구는 '온전한 인간'을 기준으로 해서 무언가를 결여하고 있는 '인간 같은' 로봇을 개발하는 것이다. 온전한 사람과 '사람 같은' 로봇 사이의 차이를 줄이려는 시도 속에서 인간에 대한 모델은 갱신된다. 로봇공학자가 인간처럼 자연스레 상호 감응할 수 있는 안드로이드를 개발하는 단계에 이르게 된다면, 인간은 인간 자신의 조건에 대해서 많은 것을 이해할 수 있게 될 것이다.

이 연구의 목적은 다음과 같이 정리될 수 있다. 일본 안드로이드의 감각과 감성의 개발과정에 대한 기술을 통해서 인간과 인공지능 간 상호 감응에 필요한 감성지능의 존재방식을 탐구한다. 나아가 안드로이드가 인간의 조건을 탐구하는 장치로 활용됨으로써 로봇공학, 인공지능, 인지과학 연구를 촉진하는 과정을 분석한다.

2. 비인지에서 탈인지로

정신분석학과 인지과학은 의식이 정신 활동 중에서 매우 좁고 특수한 부분일 뿐이라고 말한다. 생각의 많은 부분이 의식되지 못한 채, 즉 우리가 깨닫지도 못하는 사이에 흘러간다. 그 생각 중에 기억에 남는 것은 아주 소량이다. 특히 개념의 형태로 간직 되는 것은 더욱 적다. 무슨 생각을 하고 있었는지 주의 깊게 돌이켜 본다고 해도 생각의 과정 대부분은 의식되지 못한 채 지나간다. "나는 생각한다. 그러므로 나는 존재한다."란 말은 의식 너머에 있는 생각 과정의 대부분을 빠뜨리고 있다.

현상 지각도 경험의 좁은 부분에 지나지 않는다. 지각 너머에서 지각이 이르지 못하는 방대한 양의 감각 데이터가 흐른다. 그 감각 데이터 중 상당량은 등록되지도 못한 채 사라져버린다. 현상 지각 아래에 혹은 현상 지각이 이르지 못하는 곳에 사물이 있으며, 우리는 감각 데이터 없이는 사물에 직접 다가갈 수 없다. "나는 저기 푸른 얼룩을 본다."라고 자신 있게 말한다 해도, 극히 소량의 감각 데이터만 지각 활동에 포함되어 있다.

의식되지 못한 생각과 지각되지 못한 감각은 인지되지 못한 경험이다.[6] 비인지된 경험은 지각과 인식이 접근한 적이 없는 미지(未知)의 세계에 남아 있다. 그래서 비인지된 경험이 말하는 것은 다음과 같다. 생각은 의식보다 넓다. 경험은 지각보다 넓다.

비인지(uncognition)의 철학을 연 화이트헤드는 의식은 주체의 경험에서 무시할 만큼 작은 역할을 한다고 말했다.[7] 그리고 경험의 대부분을 차지하는 활동으로 "느낌(feeling)"[8]의 과정을 들었다. 느

---

6) 이 연구에서 감각(sense), 지각(perception), 인지(cognition)를 다음과 같이 구분한다. 감각은 주위의 환경 변화를 눈, 코, 귀, 혀, 살갗 등을 통해서 외부 자극을 받아들이는 과정이다. 지각은 자극에 의해 발생한 감각을 다른 감각과 비교하거나 과거의 기억을 기초로 그 의미를 부여하는 것이다. 감각 자극에 대한 의식적인 기록이 지각이다

7) 알프레드 노스 화이트헤드, 오영환 옮김, 「관념의 모험」, 민음사, 2005, pp.336-339.

낌은 한 실체가 선행하는 다른 실체를 전유하는 행위이다. 하나의 실체는 여러 다른 실체들을 합성함으로써 살아갈[습生] 수 있게 된다. 그리고 전유된 다른 실체들은 환경과 자원으로 물러난다. 이러한 느낌의 과정은 알아차리기 전에 혹은 알아차리지 못한 채 일어난다. 대기 혹은 분위기 속에서 숨쉬고 있는 생명체는 숨쉬고 있다는 것을 대부분의 시간 동안 의식하지 않고 평생을 살아간다. 이처럼 느낌은 이해, 인지, 의도에 선행한다. 그리고 소량의 느낌만이 이해, 의식, 개념에 이른다. 비인지와 느낌은 많은 근대 철학자들이 말한 것과 반대의 이야기를 할 수 있게 해 준다. '내용 없는 생각'에 대해 이야기할 수 있다. '개념 없는 직관'에 대해 이야기할 수 있다. '성찰 없는 경험'에 대해 이야기할 수 있다.[9]

비인지가 열어 놓은 세계에서는 의식, 개념, 성찰로 매개되지 않은 느낌을 따라갈 수 있다. 그럼으로써 감응, 체화, 미적 감수성으로의 모험이 가능해진다. 소량의 느낌은 개념, 의식, 성찰이라는 좁은 통로로 흘러 들어갈 수 있다. 비인지가 어떻게 인지로 나아가는지에 대해서 비인지 개념으로 연구할 수 있다. 그런데 인지로 들어가지 못한 느낌들이 사라지는 것은 아니다. 목소리를 내지 못하고 잊혀진 다량의 느낌들은 새로운 방식으로 인지될 수 있는 잠재력을 지니고 배후지로 남아 있게 된다. 이 남아 있는 다량의 느낌은 개념으로부터 도망가고, 의식을 회피하며, 성찰을 따돌린다.

인지로부터 벗어나는 느낌들은 "달인지(discognition)"[10]라고 부를 수 있다. 비인지는 인지로 가는 과정에 대한 관심을 전제하고 있다. 비인지된 경험은 언젠가 인지될 가능성을 보인다. 이에 비해, 달인지는 인지로부터 도망간다. 인지를 회피한다. 탈인지의 지향점은 인지의 가능성에 있기보다는 새로운 인지를 가능하게 할 느낌들의 잠재성에 있다. 의식과 개념에서 벗어나는 달인지는 과학과 종교 혹은 예술과 공학에 인지되지 못한 느낌들을 느껴보고자 하는 시도와 실험을 가능하게 해 준다.

비인지와 탈인지의 이야기는 인공지능의 잠재성에 대한 논의에서도 중요하게 다루어진다. 필자가 주목한 일본의 안드로이드는 그 개발 과정에서 의식과 인지의 너머에 있는 비인지에 본격적으로 대면해야 한다. 인간과 안드로이드의 상호작용을 위해서 인간의 느낌과 안드로이드의 느낌 간의 상호 감응을 고려해야 하기 때문이다. 그리고 끝끝내 인지로 흘러 들어오지 않으면서 인간과 안드로이드 간의 소통을 부자연스럽게 하는 탈인지의 문제에 적극적으로 부딪히게 된다. '뭔지 알 수 없는 느낌', '느낌적인 느낌'이라고 말할 수 밖에 없는 인지에서 벗어난 느낌이 안드로이드를 마주하는 인간으로부터 떠나질 않는다. 로봇공학, 인공지능, 인지과학은 안드로이드와 인간의 상호작용을 둘러싸고 벌어지는 달인지의 느낌들로부터 반복해서 새로운 연구와 개발의 문제들을 도출해 낼 수 있게 된다.

이렇게 해서, 탈인지의 문제는 안드로이드를 매개로 인간의 경험에 대한 이해로도 확장된다. 안드로이드와 마주하는 인간의 감각, 감성, 그리고 감정을 알아야 안드로이드를 더 사람처럼 느껴지도록 개선할 수 있다. 이 과정에서 안드로이드는 로봇공학을 넘어서 인공지능, 인지과학 연구로 확장된다. 로봇공학은 안드로이드를 만들지만 인지과학은 안드로이드를 인간의 인지 과정을 실험하는 장치로 활용

---

8) 알프레드 노스 화이트헤드, 『관념의 모험』, pp.88, 681.

9) 인지 과정은 넓은 의미에서 비인지부터 인지에 이르기까지의 전 과정을 일컫기도 한다. 하지만 이 연구에서는 인지되기 이전의 감각과정이나 감성에 대해서는 비인지라고 부르고, 지각부터 의식과 지식에 이르는 과정을 좁은 의미에서의 인지라고 부르기로 한다.

10) Steven Shaviro, *Discognition*, New York: Repeater, 2015.

4

한다. 그럼으로써 안드로이드와 사람의 상호 감응은 인공지능과 인간이 함께 감성을 구성하며 공유할 수 있는 가능성으로 이어진다.11)

안드로이드에게 부착된 감각 장치(센서)가 느낌을 받아들이면, 감각 데이터(센사)가 안드로이드의 몸을 흐른다. 로봇공학자들이 센사에 형식을 부여함으로써 안드로이드는 감성을 갖게 된다. 그리고 이 감성의 목록에 따라서 안드로이드는 마주하고 있는 사람이 기대하는 몸짓, 표정, 말대꾸를 할 수 있다. 동시에 안드로이드를 마주하는 사람은 왠지 부자연스런 느낌을 갖게 된다. 인지과학자들이 이 탈인지된 느낌을 기록하고 인간의 인지 과정을 분석한다. 이렇게 로봇공학, 인공지능, 인지과학은 사람과 안드로이드 간 상호 감응의 앙상블을 이루기 위해서 협력한다. 안드로이드의 센서와 센사를 개선하고 인간의 감각 기관과 감각 데이터에 대한 실험을 반복하는 순환과정을 통해 연합하고 있다.12)

3. 섬뜩한 계곡을 건너

일본 민속학의 창시자 야나기다 구니오(柳田国男)는 1909년 계곡이 매우 많은 도노(遠野)지역을 여행했다. 그곳에서 "도시사람들을 깜짝 놀라게 할 이야기들"을 듣고 기록해서 「도노 모노가타리」13)를 썼다.14) 이 설화집에는 도노지역에서 전해 내려오는 괴이하고 으스스한 이야기들이 실려 있다. 도노 지역의 산과 계곡 굽이굽이에 야마오토코(山男), 납치당한 여자, 여우, 죽은 증조모의 망령, 흰 사슴, 갓파(川童), 큰 바위, 산신, 유키온나(雪女) 등 온갖 요괴들의 이야기들이 이어진다. 골짜기를 건너 산과 산으로 이동하는 사람들은 요괴들의 출몰로 인해 골짜기에서 기이하고 오싹한 경험을 하게 된다. 1900년대 초, 지리적으로 대도시와 동떨어져 있는 일본의 동북부 지방은 기술의 힘과 종교의 힘을 분명히 구분하는 근대화의 물결에서 소외된 산촌이었다. 이곳에서는 여전히 마법적인 사유가 골짜기를 건너는 사람들에게 힘을 발휘하고 있었다.

1970년 이 괴이한 이야기는 '섬뜩한 계곡'(不気味の谷)이란15) 그래프의 모습으로 로봇공학에 재등

---

11) 윌리엄 제임스, 화이트헤드 등 여러 연구자들이 감응과 감정을 구분하지 않고 사용하지만, 이 연구에서 감응(affect)과 감정(emotion)은 마수미(2011)의 이론에 따라 다음과 같이 구분한다. 감정은 경험을 사회적으로 언어적으로 고정하는 것으로서 경험되는 순간부터 개인적인 것으로 제한된다. 등록된 강렬함(강도)이어서 의미론적으로 기호학적으로 내러티브화할 수 있다. 이에 비해서, 감응은 개인이 소유할 수 없으며 인식할 수도 없다. 알아차리기 전에 육체를 통해서 주고 받는 것으로서 체화와 밀접하게 연관되어 있다. 언어와 기호로 분명하게 이야기할 수 없는 것으로 감응에 딱 맞는 문화적, 이론적 어휘를 찾기 쉽지 않다. 브라이언 마수미, 조성훈 옮김, 『가상계: 운동, 정동, 감각의 아쌍블라주』, 갈무리, 2011.

12) 감각과 감성, 센서와 센사, 안드로이드와 사람 간의 상호 감응에 대한 논의는 지면 상의 이유로 이어지는 연구에서 더 깊이 다룰 계획이다.

13) 구니오 야나기타, 김용의 옮김, 「도노 모노가타리: 일본민속학의 원향」, 전남대학교출판부, 2009.

14) 도노지역은 현대 3.11 동일본대지진의 피해지역이기도 한 일본의 이와테현(岩手県)에 위치한 지역이다. '모노가타리'는 이야기로 번역된다. 도노모노가타리는 도노 출신의 사사키 기젠(佐々木喜善)이라는 사람이 지역에서 전승되던 이야기를 구술하고 이를 민속학자 야나기다 구니오가 듣고서 채록한 구전설화집이다.

15) '不気味な'는 '정체를 알 수 없어서 어쩐지 기분이 나쁜', '까닭 모를 무서운' 의미를 지니고 있다. 영어로는

5

장했다(그림 1). 이 이야기에서는 근대화를 통해서 분리되었던 기술과 종교적 사유가 하나의 이야기에

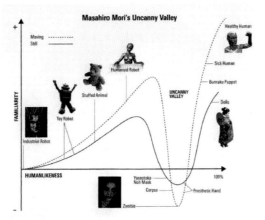

그림 1 섬뜩한 계곡(Hornyak 2006: 144)

배치되어 있다. 섬뜩한 계곡 그래프에서 로봇은 추상적이고 도구적인 기술로서가 아니라, 다른 존재들과의 관계에 따라 그 존재가 규정되고 있다. 섬뜩한 계곡에서 로봇이 어디에 자리 잡느냐에 따라서 로봇은 섬뜩할 수도 있고 친근할 수도 있다. 로봇공학에 기술적 대상의 아름다움을 고려하는 "미학적 사유"[16]가 등장한 순간이다.[17]

로봇공학자 모리[18]가 소개한 섬뜩한 골짜기의 상세한 이야기는 다음과 같다.[19] 로봇이 사람처럼 보이고 사람처럼 움직일수록, 로봇을 마주하는 사람은 더욱 로봇에 친근감을 갖는다. 그런데 로봇이 당

'uncanny' 혹은 'eerie'로 번역된다. 그래서 '不気味の谷'는 국내에서 '섬뜩한 계곡', '불쾌한 골짜기' 등으로 번역되어 있다. 1) 정체를 알 수 없다는 인지적 요소와 2) 기분이 나쁘고 무섭다는 감정적 요소를 고려해서, 필자는 '섬뜩한 계곡'을 따른다.

16) 질베르 시몽동, 김재희 옮김, 『기술적 대상들의 존재 양식에 대하여』, 그린비, 2011, pp.265-269.

17) 시몽동(2011)에 따르면, 기술적 대상의 발생과정의 의미를 이해하기 위해서는 기술적 대상 그 자체의 계보만이 아니라 인간과 사물을 포함하는 전체 발생과정을 인식할 수 있어야 한다. 그 과정의 첫 번째 국면은 "마술적 사유"이다. 기술과 종교가 양분되기 전의 원초적 단계로서, 능력을 지니고 있는 사물들과 장소들을 연결하는 요충지들을 통해서 연결망의 형태로 이루어져 있다. 이에 비해서, "미학적 사유"는 기술과 종교가 양분된 이후, 혹은 기술적 대상과 종교적 주체가 양분된 이후 나타난다. 미학적 사유는 세계가 기술적 영역과 종교적 영역의 한계들을 넘어서 다양성을 유지하면서도 총체성에 이르도록 한다. 미학적 세계는, 마술적 세계처럼 원초적이고 자연적인 것은 아니지만, 기술을 통해 다양해진 대상들과 종교들 통해 총체성을 추구하는 주체들이 조화를 이루고 있다.

18) 모리는 혼다의 휴머노이드 아시모의 개발에 관여했고, 전세계 아마추어 로봇 대회로 알려진 로보콘의 창립자로서 도쿄공업대학의 로봇공학 교수였다.

19) 森政弘, 「不気味の谷」, Energy 7(4), 1970, pp.33-35.

6

혹스러울 정도로 인간에 유사해지면 그 친근감은 급격하게 떨어진다. 표정, 피부, 눈빛 등 미세한 비인간적인 특징들이 오히려 잘 드러나게 되어서 보는 사람의 기대에 어긋나 혼란을 일으킨다. 그러다가 마침내 로봇이 인간의 모습과 행동에 완전히 일치하는 단계에 이르게 되면 마주하는 사람은 다시 사람을 대할 때처럼 긍정적인 느낌을 갖는다. 친근감이 급격하게 떨어지는 구간은 다른 구간에 비해서 그래프가 계곡처럼 내려가 있다. 바로 이 계곡에서 사람은 로봇에 대해 뭐라 말할 수 없는 '으스스함', '오싹함', '섬뜩함'을 느끼게 된다. 가만히 있을 때보다 움직일 때 이 섬뜩한 느낌은 더 강렬해진다.

그래프는 지리적 은유를 통해서 다양한 느낌의 존재들이 배치되어 있는 서식지를 그려내고 있다. 섬뜩한 계곡의 양쪽에는 산이 있다. 산에는 다양한 정도로 사람과 닮은 존재들이 거주하고 있다. 산업용 로봇, 장난감 로봇, 곰 인형, 휴머노이드 로봇, 일본 인형, 분라쿠 꼭두각시가 거주한다. 그리고 아픈 사람, 건강한 사람도 있다. 이에 반해서, 산과 산 사이의 계곡에는 노 마스크, 시체, 좀비, 의수가 위치하고 있다. 이들은 멈추어 있을 때보다 움직일 때 마주하는 사람에게 더 강한 섬뜩함을 불러 일으킨다. 가만히 있는 시체보다는 '움직이는 시체'인 좀비가 더 섬뜩하다. 문제는 안드로이드가 이 섬뜩한 계곡 아래 위치할지도 모른다는 점이다.

모리는 실제 손과 구별되지 않을 정도로 비슷한 의수를 장착한 사람과 아무것도 모른 채 악수를 하는 사람의 예를 들었다. 뼈가 없어서 물컹한 느낌과 차가운 감촉이 섞이면서 아무것도 모른 채 손을 잡았던 사람은 깜짝 놀라게 된다.

그래프에 근거해서 모리는 로봇공학자들에게 다음과 같은 조언을 했다. 인간의 모습과 행동을 닮은 로봇을 만들 때 인간과 너무 똑같이 만드는 것은 좋지 않다. 대신, 섬뜩한 계곡의 왼편에 있는 산의 정상 부근에서 인간과 너무 유사하지 않은 로봇으로 디자인하는 것이 안전하게 친근감을 줄 수 있다. 단 자칫 한 발을 잘못 디디면 섬뜩한 계곡으로 굴러 떨어질 수 있다. 그의 조언에 영향을 받은 여러 로봇공학자들은 안드로이드를 개발하는 데 소극적인 입장을 취하게 되었다. 섬뜩한 계곡을 건너지 못하는 안드로이드는 사람들에게 좀비나 시체를 보는 듯한 섬뜩한 느낌을 줄 것이기 때문이다.

문제는 이 섬뜩함이 의식 되지도 않은 채 혹은 지각 되지도 못한 채 흘러간다는 점이다. 섬뜩함은 의식, 개념, 성찰로 매개되기 전에 이미 몸을 통해서 사람들에게 영향을 끼치고 있다. 소름끼치거나 말문이 막히는 등 말로 정확히 표현할 수도 없고 수치로도 증명되지 않는 반응을 불러온다. 모리는 이 인지되지 못하는 느낌들을 자신의 경험과 직감에 따라 섬뜩한 계곡으로 그렸을 뿐이다. 섬뜩한 계곡을 통해서 모리는 로봇공학에 본격적으로 '탈인지'의 문제를 제기한 것이다.

하지만 안드로이드 개발에 도전한 로봇공학자들은 모리의 조언과는 다른 길을 걸었다. 이들은 섬뜩한 계곡에 다가가지 않도록 주의하면서 '만화 캐릭터를 닮은' 로봇을 만드는 데 만족하지 않았다. 이시구로는 계곡을 건너는 시도를 가장 야심 차게 시도한 로봇공학자이다. 그는 안드로이드 개발을 통해 섬뜩한 계곡을 건너겠다고 선언하고 새로운 판본의 섬뜩한 계곡을 그렸다.[20] 3차원으로 그려진 이시구로의 그래프는 모습과 움직임이 조화를 이룰 때 시너지 효과를 낸다는 점을 강조한다(그림 2).

---

20) Ishiguro Hiroshi, "Android Science: Toward a new cross-interdisciplinary framework," Sebastian Thuran et al. eds, *Robotic Research: Results of the 12th International Symposium ISRR*, Cambridge: Springer, 2007, pp.118-127.

7

모습이 비슷할 때보다 움직임이 비슷할 때 더 섬뜩함을 느끼는 모리의 계곡과 달리, 이시구로의 그래프는 모습과 움직임의 조화가 시너지 효과를 통해서 섬뜩함을 줄일 수 있다. 이 "시너지 언덕"은 섬뜩한 계곡을 우회해서 능선처럼 건너편 봉우리로 뻗어있다. 이 능선이 안드로이드가 거부감 없이 사람들에게 받아들여질 수 있는 곳으로 가는 요충지가 된다.[21]

이후로 안드로이드 연구자들은 섬뜩한 계곡을 논문 전반부에서 문제를 제기하는 부분에 위치시키고 있다. 안드로이드에 대해 사람들이 느끼는 섬뜩함이 문제로 제기되고, 모습과 움직임이 섬뜩한 계곡을 건널 수 있을 만큼 정교한 안드로이드를 만드는 것이 연구자들의 궁극적인 연구의 목표로 자리잡는다. 계곡을 건너기 위해 로봇공학자들은 사람과 느낌을 주고받는 감각 장치를 개선해야 한다. 장치를 통해 얻은 감각 데이터에 사회적 상황에 적합한 형식을 부여해야 한다. 그럼으로써 안드로이드는 마주하는 사람이 기대한 방식으로 표정을 짓고 몸짓을 하고 말대꾸를 할 수 있다. 이 과정은 사람으로부터 감응을 받고 다시 사람에게 친근한 느낌을 주는 긍정적인 상호 감응의 순환이 되어야 한다.

흥미로운 점은 섬뜩한 계곡이 사람과 비슷한 로봇의 개발에 부정적이었던 모리의 의도와는 반대의 결과를 낳고 있다는 점이다. 섬뜩한 계곡은 안드로이드 연구자들에게 안드로이드 개발의 방향을 분명하게 그려주고 계곡을 건너 보는 시도를 하는데 필요한 지도의 역할을 하고 있다. 섬뜩한 계곡은 굴러 떨어질 것을 염려해서 다가가지 말아야 하는 곳이 아니라, 우회로를 만들거나 시너지 언덕을 만들어서 적극적으로 경로를 구축해야 하는 요충지가 되었다.

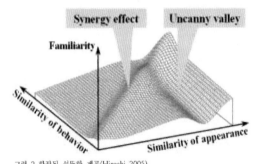

그림 2 확장된 섬뜩한 계곡(Hiroshi 2005)

이제, '섬뜩한 계곡을 건넜는가, 계곡에 굴러 떨어졌는가'는 개발된 안드로이드가 사람들에게 인간처럼 여겨지는가를 시험할 중요한 기준으로 자리 잡게 된다. 체화된 안드로이드의 모습과 행동이 사람과의 상호 감응에서 자연스럽게 여겨지는지를 평가하는 "토탈 튜링 테스트"[22]의 기준이 될 수 있다.

---

21) 섬뜩한 계곡의 요충지는 행위자-연망-이론의 "의무통과지점"(OPP)과 비슷한 기능을 한다. 하지만, 의무통과지점은 '문제제기', '번역'과 같은 언어적이고 기호학적인 용어를 통해서 진술된다. 이에 반해서, 섬뜩한 계곡에서 드러나는 요충지는 섬뜩함과 친근함과 같은 탈인지적 느낌을 통해서 드러나고 있다. 섬뜩한 계곡은 새로운 연구자들이 자신의 버전을 새로이 구축함으로써 요충지의 지형과 지향점을 새로이 한다는 점에서 '의무적'이라기보다는 '유혹적'이라는 점이 두드러진다.

22) Karl F. MacDorman and Hiroshi Ishiguro, "The uncanny advantage of using androids in cognitive and social science research," Interaction Studies 7(3), 2006, pp.297-337.

맥도면과 이시구로에 따르면, 튜링의 튜링 테스트는 인간의 지능이 체화로부터 분리될 수 있다는 전제하에서 컴퓨터의 지능을 평가한 것이다. 이에 비해, 토탈 튜링 테스트는 체화를 통해 상호 감응하는 안드로이드를 통해서만 총체적으로 평가될 수 있다. 그래서 섬뜩한 계곡은 기존의 튜링 테스트에서 빠져 있던 감응과 체화를 인간과 같은 지능을 테스트하는 중요한 요소로 되돌려 놓을 수 있게 된다. 이로써 인간이란 계산하고 예측하고 기억하는 부분적인 지능이 아니라 감응을 통해 체화하는 총체적 능력을 지닌 존재로 다시 그려진다.

그런데 섬뜩한 계곡은 정교하게 계산된 그래프가 아니다. 단지 일화적 증거들만 있을 뿐 과학적 증거가 될 만한 수치가 없다. 실험적 조건에서 조작된 정의도 아니다. 그래서 '유사과학'이라는 비판을 받기도 한다.[23] 필자는 섬뜩한 계곡이 과학인가 유사과학인가에 대한 판단은 뒤로 미룬다. 그보다 중요한 것은 섬뜩한 계곡이 많은 안드로이드 연구자들, 심리학자들, 인공지능 연구자들, 컴퓨터 공학자들을 끌어들이고 있다는 점이다. 이들에게 섬뜩한 계곡이 과학인지 아닌지는 우선적인 문제가 아니다. 자신이 개발한 안드로이드에 대해서 사람들이 섬뜩해 할 것인가 친근감을 느낄 것인가가 우선적인 문제이다. 진위 혹은 선악의 판단 이전에 섬뜩함과 친근감으로 결정되는 미추에 대한 판단, 즉 미적인 이끌림이 섬뜩한 계곡이 여러 행위자들의 관심을 이끄는 힘이라고 할 수 있다.

안드로이드의 입장에서도 섬뜩한 계곡은 자신이 거주할 세계를 제시해 준다. 안드로이드는 더 이상 추상적이고 고립된 기계로 남아 있지 않는다. 친근감과 섬뜩함, 모습과 움직임, 인형들, 로봇들, 인간, 좀비, 시체, 의수, 그리고 산과 계곡으로 이루어진 세계의 그림이 안드로이드가 살아갈 세계로 주어졌다.

심리학자와 인지과학자들은 인간의 감응에 대한 연구에 관심을 갖는다. 위험으로부터 도피하려는 '인간의 본성' 혹은 '진화과정에서 습득한 생존 전략',[24] '유아의 발달과 섬뜩한 계곡의 형성'[25] 등 신경과학, 진화심리학, 발달심리학 분야의 연구자들이 섬뜩한 계곡으로 연구를 설계하고 있다. 섬뜩한 계곡은 이 모든 관심들을 소집하는 매개가 되고 있다.

섬뜩한 계곡을 매개로 모여든 행위자들은 '안드로이드는 섬뜩한 계곡을 건넌다.'라는 명제의 잠재성을 강화하는 데 참여하게 된다. 앞으로 안드로이드가 섬뜩한 계곡에서 엮어갈 모험적인 이야기는 이 참여자들을 통해서 다양한 방식으로 실현될 가능성을 지니게 된다.

4. 미적 매개

아름다운 것은 느끼도록 유혹한다. 느낌의 상당량이 비인지되는 것과 마찬가지로 그 유혹 역시 비인지적이다. 화이트헤드는 명제를 "느낌에의 유혹"[26](화이트헤드 2005: 90) 이라고 말한다. 명제는 참

---

23) Harry Brenton et al., "The uncanny valley: does it exist?", Proceedings of conference of human computer interaction, Workshop on Human Animated Character Interaction, 2005.

24) Karl F. MacDorman and Steven O. Entezari, "Individual differences predict sensitivity to the uncanny valley," Interaction Studies 16(2), 2015, pp.141-172.

25) David J. Lewkowicz and Asif A. Ghazanfar, "The development of the uncanny valley in infants," Developmental psychobiology 54(2), 2012, pp.124-132.

26) 알프레드 노스 화이트헤드, 「관념의 모험」, p.90.

9

과 거짓, 옳고 그름을 판단하기 위한 것이 아니라, 아름다움을 느끼도록 유혹하는 것이 된다. 이러한 명제는 '참'이기보다는 흥미로워야 한다. 그래서 명제는 개념, 의식, 성찰을 통해서 내려지는 이성적 판단이나 실천적 판단에 선행한다. 혹은 그러한 판단 없이도 명제는 만족될 수 있다. 명제에 이끌리는 실체들은 자기도 모르게 그 유혹에 넘어가 아름다움을 느낀다. 그 종착지에는 진위의 판단이나 선악의 판단이 있는 것이 아니라 아름다움에 대한 만족이 자리잡고 있다.[27]

바로 이 점에서 명제는 아름다움을 추구하도록 이끈다. 그래서 명제는 사실도 허구도 아니다. '말하여 질지도 모르는 이야기'로서 '꼭 그런 것은 아니지만, 그럴 수도 있는 것'으로 잠재적인 힘을 지니고 있다. 잠재적인 것은 현실화될 가능성이 있기는 하지만 그 현실화가 결정적이지 않다. 그래서 명제의 주된 역할은 주어진 기준에 따른 판단을 이끌어내는 것이 아니라 세계가 새로움으로 전진하기 위한 길을 포장하는 일이라고 할 수 있다.

명제가 느낌으로의 유혹이라면, 느끼는 자와 느껴지는 자는 누구인가 혹은 무엇인가? '감응을 받는(be affected) 자'와 '감응을 주는(affecting) 자'의 관계는 명제가 발하는 유혹을 통해 성립된다. 감응을 받는 자는 아름다움에 이끌리거나 꾀어지고, 반대로 추함을 혐오하고 거부하게 된다. 감응을 받는 자는 알아차리지 못한 채 이끌리다가 최종에 가서야 자신이 유혹되었음을 알게 된다. 감응을 받는 자는 결코 주체로서 대상을 인식하는 것이 아니다. 대상을 알지도 못하고 소유하지도 못한 채 대상에 반하고 이끌리고 있을 뿐이다. 둘의 관계는 주체와 객체의 관계가 아니라 감응 받는 자가 감응을 주는 자를 전유하는 느낌의 과정이다.

문제는 이 섬뜩한 계곡이라는 미적 매개가 실제로 어떤 세계로 현실화될지에 대해서는 예측이 불가능하다는 점이다. 이에 대해서 매개에 대한 이해가 필요하다. 라투르는 중개자(intermediary)와 매개자(mediator)를 구별하면서 매개자가 지니고 있는 잠재력과 창발성을 강조했다.[28] 중개자는 변형 없이 의미를 전달한다. 입력을 하면 그 출력도 알 수 있다. 그 내부의 복잡한 구조와 요소들이 숨겨진 블랙박스와 같은 모습을 한다. 컴퓨터가 잘 작동한다면 그 안에는 수많은 중개자들이 자리잡고 있다. 산출과 결과 간에 어떠한 놀라움도 새로움도 없다. 이에 비해서, 매개자는 입력만으로 산출에 대한 예측을 할 수 없는 관계를 만들어 낸다. 그래서 매개자에게는 선형적인 인과관계가 적용되지 않는다. 매개자는 변형을 통해서 기존의 힘의 형태와 방향을 바꾸어 놓기 때문에 예측이 불가능하기 때문이다.

섬뜩한 계곡은 미학적이기도 하지만 매개자이기도 하다. 새로움으로 전진하는 길을 제시하는 것이 명제의 주된 역할이라고 한다면, 매개는 이러한 길을 포장하기 위한 현실화 도구라고 할 수 있다. 매개자가 하는 역할은 몇 가지 원인을 통해서 잠재적 결과들을 많이 산출하는 것이 아니다. 그보다는, 가능한 많은 상호 감응으로 몇 가지 원인을 대체하는 데 있다. 매개자들이 관여할수록 선형적 인과관계는 사라지고 예측 못한 상황이 늘어난다. 미적 매개로서의 섬뜩한 계곡은 개념, 총의, 공동체, 이해

---

27) '느낌으로의 유혹'으로서의 명제를 중심으로 일본의 지진 신화, 재난 사회사, 지진 예지 과학, 긴급지진소보 기술의 뒤얽힘을 다룬 연구로 이강원 지진메기 연구를 참고할 것. 이강원, 「메기와 테크노-토테미즘: 지진유발자에서 지진예지자로」, 한국문화인류학 49(1), 2016, pp.197-234., 이강원, 「디지털 메기와 기술 의례: 일본의 긴급지진속보를 통한 실험적 제의(祭儀)」, 한국문화인류학 50(1), 2017, pp.47-91.

28) Bruno Latour, *Reassembling the Social: An Introduction to Actor-Network-Theory*, New York: Oxford University Press, 2007, pp.202.

10

득실에 근거하지 않으면서, 느끼도록 유혹하는 것만으로 다양한 실체들 간의 상호 감응을 이끌어낸다고 할 수 있다.

실제로 안드로이드 연구자들은 직감과 연구결과에 따라서 섬뜩한 계곡을 조금씩 달리 그렸다. 이 과정에서 안드로이드를 둘러싼 문제가 새롭게 정의되고 안드로이드가 맺는 관계가 재배열된다. 모리의 것과 이시구로의 것은 둘 다 섬뜩한 계곡이지만 각각의 그래프 속에서 안드로이드는 전혀 다른 존재가 되었다. 안드로이드와 관계하는 연구자, 다른 로봇들, 지형, 모습과 행동의 관계가 모두 뒤바뀌면서 안드로이드는 개발을 자제해야 할 존재에서 도전해 볼 만한 존재로 변신했다. 이처럼 섬뜩한 계곡의 지형 변화와 동시에 안드로이드의 존재론은 변한다. 계속해서 지형을 바꾸는 섬뜩한 계곡을 건너는 것은 그래서 쉽지 않다. 안드로이드가 어떤 경로를 통해서 '인간 같은 로봇'으로 완성될지에 대해서 예측이 불가능한 이유이다. 한국의 '산 너머 산'과 같은 용법으로 섬뜩한 계곡의 변형은 '계곡 건너 계곡'이라고 부를 수 있다. 하나의 계곡을 건넜는가 하면 새로운 계곡이 나온다. 그럼으로써 안드로이드 개발의 지향점은 끊임없이 갱신된다. 그 결과 미적 매개가 관여하고 있는 안드로이드의 개발과정에서 상호 감응하는 실체들의 수는 계속해서 늘어난다.

필자가 제시하는 미적 매개는 '이성의 지배', '인지 우선', '예측가능성'에 대한 저항이라는 점에 의의가 있다. 과학기술이 이성, 논리, 예측, 계산만으로 진전되어 왔다는 믿음과 크게 어긋나는 지점이다. 오히려 미적 매개는 과학의 진보와 기술 혁신의 출발선상에 위치하고 있으면서, 발견, 발명, 혁신을 이끌고 있다. 달인지적 느낌, 감응, 체화, 감성을 통해서 기존의 과학적 기준에 종속될 수 없는 독특한 미적 판단이 미적 매개를 통해서 내려진다.

5. 계곡 건너 계곡

섬뜩한 계곡이 제안 된지 35 년 후, 일본 츠쿠바시에서 열린 "Views of the Uncanny Valley: A Humanoids 2005 Workshop"에는 심리학, 사회학, 철학, 신경과학, 인공지능, 로봇공학자들을 포함해서 섬뜩한 계곡에 감응 받은 많은 연구자들이 참석했다. 섬뜩한 계곡의 창시자 모리가 워크샵의 연사로 초대되었다. 하지만 모리는 참석을 거절하는 편지를 보내왔다. 그는 자신이 35 년 전 그린 섬뜩한 계곡에 대해서 비판적이었다. 그에게 시체는 더 이상 '섬뜩하다'고 여겨지는 대상이 아니었다. 죽음은 모든 생명이 겪어야 할 운명으로서 고통이 끝나는 순간이고 시체의 얼굴은 평온하다. 그리고 모리는 섬뜩한 계곡의 우측 정상에 두었던 건강한 인간이 실존의 최고 이상이라는 생각도 거두었다. 그는 건강한 인간 대신 삶의 고통에 초연한 부처의 평온한 얼굴이 섬뜩한 계곡의 정상에 자리잡아야 한다는 의견을 피력했다. 그의 이러한 변화는 1981 년 출판된 모리의 책 *The Buddha in the robot: A robot engineer's thoughts on science and religion*[29]에서 밝힌 불교 사상의 영향을 그대로 보여주고 있다. 이 책에서는 섬뜩한 계곡이 한 번도 언급되지 않았다. 모리는 이미 섬뜩한 계곡에서 시체와 건강한 인간에 위계를 두었던 점에 대해 생각을 바꾸고 있었고 2005 년의 편지에서 그 점을 밝혔다.

---

29) Masahiro Mori, 1981 *The Buddha in the robot: A Robot Engineer's Thoughts on Science and Religion*, Kosei Publishing Co., 1981.

11

로봇뿐 아니라, 인간, 식물, 동물 모두 부처의 본성을 지니고 있으며, 시체이든 건강한 사람이든 평온함을 지닌 얼굴이라면 섬뜩함은 사라진다.[30] 이렇게 섬뜩한 계곡을 소개한 모리는 불교 중심의 종교적 사유로 접어들었다. 그의 섬뜩한 계곡은 여러 공학자와 과학자들에게 감응을 주었지만, 그는 이 섬뜩한 계곡과의 관계를 끊었다. 이에 비해서 대부분의 안드로이드 연구자들은 그의 의견 변화와 무관하게 섬뜩한 계곡을 여전히 안드로이드가 지나가야 할 요충지와 세계상으로 활용하고 있다. 섬뜩한 계곡의 창시자와는 독립적으로 섬뜩한 계곡은 다른 길을 가기 시작했다.

확장된 섬뜩한 계곡을 그렸던 이시구로는 자신의 연구실에서 제작한 안드로이드로 섬뜩한 계곡이 정말 있는지를 실험했다. 그는 자신의 딸을 모델로 '어린이 안드로이드'를 만들었다. 머리에 공기 액튜에이터를 장착해서 눈을 깜빡이고 고개를 끄떡끄떡하는 움직임을 구현했다. 끄떡임 자체는 자연스러웠지만 그때마다 몸 전체가 흔들렸다. 부드러운 실리콘으로 된 피부는 고개를 움직일 때마다 부르르 떨렸다. 이시구로 자신이 말한 대로 이 모습은 좀비와 같았다. 자신과 비슷한 안드로이드의 움직임을 본 이시구로의 딸은 처음에는 마지 못해 악수를 하고 말을 걸었지만 곧 울상이 되었다. 집에 돌아가서는 "이제 아빠 학교에는 안가"라는 말을 했다.[31] 이 어린이 안드로이드는 이시구로가 안드로이드 제작을 시작한 지 1년 만에 만들어졌다. 어린이 안드로이드는 모리가 경계했던 섬뜩한 계곡에 그대로 '굴러 떨어졌다'는 점을 알 수 있다. 이시구로는 이미 개발하고 있던 로보비나 와카마루와 같은 로봇과 안드로이드의 모습을 비교연구하기 위해서 어린이 안드로이드를 만들었다.[32] 그 결과는 만화와 같은 '귀여운' 로봇에 비해서 안드로이드는 섬뜩한 느낌을 강렬하게 준다는 점이다.

두번째 안드로이드는 NHK 아나운서를 모델로 만든 리플리 Q1expo 로서 아이치엑스포에 전시되었다. 눈을 깜빡이고 머리만 끄덕일 수 있었던 어린이 안드로이드에 비해서 리플리 Q1expo 는 상대방을 인식하는 센서시스템을 갖추었다. 그 센서는 안드로이드의 몸에만 장착된 것이 아니라, 안드로이드가 사람과 마주하는 전시장 곳곳에 분산되어 있었다. 안드로이드의 몸은 주변 환경과의 네트워크를 통해서 감각함으로써 마주하는 사람의 행동과 말에 반응할 수 있다. 안드로이드의 몸이 안드로이드로 형상화된 로봇에만 국한되어 있지 않다는 점이 특징이다. 이어서 개발된 리플리 Q2 는 리플리 Q1expo 의 머리와 얼굴만을 다른 사람의 것으로 바꾸고 몸체는 그대로 사용한 안드로이드이다. 머리, 눈, 머리, 팔, 손을 움직여 표정을 짓고 몸짓을 할 수 있다. 마주하는 사람의 이동을 응시할 수 있도록 전시실 바닥은 센서로 깔려 있었고 대화 중 아이컨택을 할 수 있도록 전시실 곳곳에 카메라가 설치되었다.[33] 안드로이드의 몸은 전시실 전체의 센서들을 통해서 감각하고 전시실 전체를 흐르는 감각 데이터를 통해서 사람과의 상호작용에 대응한다.

이어서 이시구로는 자신을 모델로 제미노이드 HI-1 을 제작했다. 제미노이드 HI-1 부터는 안드로이드의 모습과 행동을 통해서 섬뜩한 계곡을 본격적으로 검증하기 시작한다. 이시구로는 그의 '도플갱

---

30) W.A. Borody, "The Japanese Roboticist Masahiro Mori's Buddhist Inspired Concept of "The Uncanny Valley"," Journal of Evolution & Technology 23(1), 2013, pp.30-43.

31) 石黒浩,「ロボットとは何か 人の心を映す鏡」, 講談社, 2009, pp.50-52.

32) 石黒浩,「アンドロイドを造る」, オーム社, 2011, p.6.

33) Karl F. MacDorman and Hiroshi Ishiguro, "The uncanny advantage of using androids in cognitive and social science research" pp.297-337.

어'와 함께 사람들과 마주하며 섬뜩한 계곡을 검증하는 실험 장치가 되었다. 실험자들은 안드로이드의 모습을 조금씩 인간과 덜 비슷하게 바꿔가면서 모습과 섬뜩함의 관계를 관찰했다. 그리고 안드로이드의 움직임에 대해서도 이와 같은 실험을 행했다. 이시구로와 그의 안드로이드에 각각 정면으로 마주한 학생들은 나이, 소속 대학, 이름에 대해 질문 받았다. 학생들은 자신들의 경험에 대한 질문지를 작성했다. 실험의 결과는 모리의 섬뜩한 계곡은 확증할 수 없다는 것이었다. 인간과 안드로이드 간 모습과 움직임의 차이에 대해 친근감이나 섬뜩함의 차이는 크게 나타나지 않았다. 단순히 모습과 행위에 따라 로봇의 '인간 같음'이 결정되지는 않았다. 인간과 덜 비슷하지만 사회적으로 적합한 행위를 하는 로봇이 더 인간처럼 간주될 수 있다.

이시구로는 다음과 같이 정리했다. "사람의 부정적 인상은 로봇공학의 최전선에 다다랐다는 것을 의미한다. 우리는 로봇을 더 개선하기 위해서 이러한 반응을 소중한 피드백으로 활용해야 한다."[34] 이 연구를 토대로 안드로이드 연구자들은 몸짓, 시선 처리, 목소리의 톤이 사회관계의 맥락과 적합해야 한다는 점에 주목하기 시작했다. 안드로이드가 갖추어야 할 센서와 센사가 사회적 상호작용에 맞게 더 정교해져야 하는 동시에, 사회적 맥락에 맞는 행동과 표정을 할 수 있도록 세밀하게 액튜에이터가 조합되어야 한다는 것을 의미한다.

여장남자 연예인 마츠코 디럭스를 모델로 한 안드로이드도 만들어졌다. 마츠코 역시 "이건 내가 아니다."라고 말하며 싫어하는 반응을 보였다. 그러나 3일 이상 안드로이드와 함께 작업을 해 나가면서 마츠코도 작업을 같이 하던 관계자들도 마츠코로이드가 '있다'는 것이 자연스러워졌다고 말했다.[35] 이 경험을 통해서 이시구로는 좀비라고 할지라도 1개월 이상 같이 생활하면 익숙해질 것이라고 해석했다. 그는 마음은 사회적 상호작용의 현상으로 개인에게 속하는 것이 아니라 사회를 통해 공유된다는 의견을 피력하고 있다. 안드로이드와의 상호작용을 지속한다면 섬뜩한 느낌은 완화되거나 사라질 수 있다는 결론이 나온다.

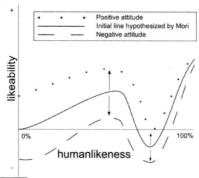

그림 3 긍정/부정적 태도에 섬뜩한 계곡의 추정(Z Fotowski, et al. 2015)

34) Christoph Bartneck, et al., "My robotic doppelgänger-A critical look at the uncanny valley," The 18th IEEE International Symposium on Robot and Human Interactive Communication, 2009, pp.269-276.

35) 池上高志·石黒浩, 『間と機械のあいだ:心はどこにあるのか』, 講談社, 2016, pp.55-56.

그리고 이와 같은 결론은 곧 제미노이드 HI-1를 실험 장치로 활용한 면접 실험으로 증명되었다. 실험에서 학생들은 은행 관리자 혹은 기술직을 위한 면접에 참석한 것으로 연출되었다. 그리고 안드로이드가 면접관이다. 면접관 안드로이드는 학생들에게 "자신에 대해 말해보세요", "가장 큰 약점이 무엇입니까?"와 같은 질문을 던졌다. 학생이 대답하는 동안 안드로이드는 각각의 학생에게 긍정적인 비언어적 반응과 부정적인 비언어적 반응을 보이도록 했다.

긍정적인 반응은 '응'과 같은 동의의 소리를 내거나, 고개를 끄덕이는 움직임이었다. 부정적인 반응은 고개를 젓거나 '아, 그렇습니까'와 같이 흥미 부족을 드러내는 표현을 했다. 그 결과는 섬뜩한 계곡 그래프의 지형 자체의 변화가 아니라, 지형 전체가 친근감과 섬뜩함의 축을 따라 이동했다는 점을 보여준다.(그림 3) 즉 상호작용이 부정적인가 긍정적인가에 따라서 섬뜩한 계곡이 부침한다는 점이 드러났다. 그리고 상호작용이 지속될수록 인간과의 유사도와 무관하게 친근함이 상승한다는 결과도 얻을 수 있었다.36) 실험을 통해 새로 그려진 섬뜩한 계곡 그래프는 처음 모리가 제시했던 섬뜩한 계곡이 빠뜨렸던 새로운 요소들을 더하고 있음을 알 수 있다. 사람을 대하는 안드로이드가 어떤 태도를 보이는가에 따라서, 그리고 그 마주함이 얼마나 반복되고 지속되었느냐에 따라서 섬뜩한 계곡의 지형이 얼마든지 변화될 수 있다는 점이 드러났다. 단지 안드로이드의 모습과 움직임만을 변수로 전제했던 모리의 섬뜩한 계곡과 달리, 이 새로운 계곡에서 안드로이드는 긍정적인 태도를 보이고 상호작용을 반복함으로써 사람들의 관계를 개선시킬 수 있게 된다. 안드로이드의 존재방식에 커다란 변화가 일어난다.

섬뜩한 계곡의 여러 변형들이 전개되면서 안드로이드의 존재방식 역시 변한다. 그런데 미국의 로봇공학자 핸슨은 섬뜩한 계곡의 계곡과 산의 부침을 제거한 대안적인 그래프를 제시했다.37) 그는 섬뜩한 계곡의 전제에 도전하기 위해서 안드로이드 Philip K. Dick을 제작했다. 인간과 비슷한 표정 있는 얼굴을 하고 대화에도 참여할 수 있으며, 인공지능을 통해서 얼굴을 인식하고 대화를 이어갈 수 있다. 그는 만화 캐릭터 같은 로봇 큐리오, Philip K. Dick, 그리고 안드로이드의 모델이 된 실제 사람의 모습 사이에 다양한 정도로 인간과 비슷한 모습의 사진을 배치했다. 합성은 두 방식으로 전개되었다. 하나는 큐리오, 안드로이드, 사람으로의 합성이 매력적인 모습을 유지하면서 변형된 쪽이다. 다른 한 쪽은 합성 중간에 일부러 섬뜩한 모습으로 합성된 사진을 넣었다. 실험은 매우 간단했다. 여러 사람들에게 두 방식의 합성물을 보여준 후에 섬뜩함(eeriness)을 느꼈는지에 대해 물었다. 결과는 매력적으로 조절된 합성물에 대해서 사람들은 섬뜩함을 별로 느끼지 않았다(그림 4).38) 핸슨은 섬뜩한 계곡이 그

---

36) Jakub A. Złotowski et al., "Persistence of the uncanny valley: the influence of repeated interactions and a robot's attitude on its perception," Frontiers in Psychology, 6(883), 2015, pp.1-13.

37) 핸슨과 그의 연구소는 카이스트의 오준호 교수 연구실이 개발한 휴보의 몸체에 아인슈타인의 머리를 결합해서 알버트 휴보를 공동 제작한 것으로 잘 알려져 있다. 알버트 휴보의 개발은 안드로이드와 휴머노이드의 구분을 지웠다는 의미를 지닌다. 이러한 시도는 일본에서 소녀의 얼굴과 휴머노이드를 결합한 ERICA의 등장으로 이어진다.

38) David Hanson, "Exploring the aesthetic range for humanoid robots," Proceedings of the ICCS/CogSci-2006 long symposium: Toward social mechanisms of android science, 2006, pp.39-42.

14

리고 있는 안드로이드의 세계와 일치하지 않는 데이터를 제시한 것이다. 그리고 그의 제안은 단순하다. 사람들이 보기 좋은 디자인으로 사회적인 관계에 참여할 수 있는 수준까지 안드로이드를 만들 수

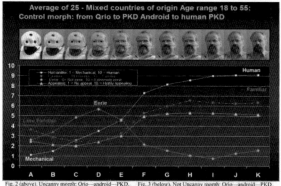

Fig. 2 (above). Uncanny morph: Qrio—android—PKD.   Fig. 3 (below). Not Uncanny morph: Qrio—android—PKD.

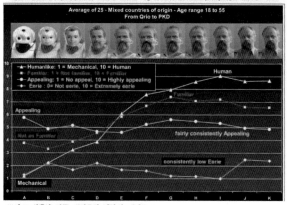

그림 4 섬뜩한 계곡 그래프와 대안적 그래프

있으면 섬뜩한 계곡은 아무런 장애물이 되지 않는다.

섬뜩한 계곡의 변형은 곧 미학적 매개로서의 섬뜩한 계곡이 계속해서 새로운 논의와 사람과 사물들을 유혹하고 있다는 점을 의미한다. 그래서 섬뜩한 계곡이 최종적으로 어떤 지형을 이룰 것이며, 안드로이드가 그 지형에서 어디에 위치할지는 여전히 정해지지 않았다. 이점이 섬뜩한 계곡이 중간항이 아니라 매개자가 될 수 있는 이유이기도 하다. 하지만, 섬뜩한 계곡이 영화와 애니메이션 산업에 소개되면서 섬뜩한 계곡의 위상은 블랙박스로서 중간항의 역할을 하게 된다.

2001년 3D 애니메이션, *파이널 판타지(Final Fantasy)*의 캐릭터를 시작으로 섬뜩한 계곡의 '존재'가 논의되기 시작되었다. 피부와 머리카락과 같은 섬세한 부분을 다듬는데 긴 시간을 들였음에도 불구하

15

고 파이털 판타지의 "캐릭터의 눈빛은 차가웠으며, 움직임은 기계적"이었다. 평론가들은 이 작품의 실패를 섬뜩한 계곡에서 찾기 시작했고, *파이널 판타지*의 감독은 더 정교하게 다듬을수록 캐릭터가 기괴해지고 시체를 조정하는 것처럼 느껴졌음을 고백했다. 이후 경쟁적으로 비슷한 시기에 개봉된 픽사의 *폴라 익스프레스(The Pola Express)*와 워너 브라더스의 *인크레더블(Incredible)*간의 대결은 섬뜩한 계곡의 존재에 대한 믿음이 3D 애니메이션 분야에서 더 공고해지는 결과를 낳았다. *폴라 익스프레스*의 캐릭터들은 인간에 가깝게 정교하게 제작되었지만 관객으로부터 기괴하고 불편하다는 평을 얻었다. 이에 반해, *인크레더블*의 캐릭터들은 전통적인 만화 캐릭터의 모습에 가까웠고, 관객과 비평가들에게 친숙하게 다가온다는 평을 얻었다.[39] 3D 캐릭터를 정교하게 인간과 비슷하게 만들수록 관객들은 관심을 더 갖기는 하지만, 아주 작은 결점과 실수에도 민감해지고 기괴함을 느끼게 된다는 점이 3D 캐릭터 디자인에서 경험적으로 증명되었다. 그래서 3D 애니메이션 제작에서 섬뜩한 계곡으로부터 거리를 유지하는 것이 가장 좋은 전략이 되었다. 이러한 분야에서 섬뜩한 계곡은 계속해서 지형을 바꾸기보다는, 그 형성과정과 변형 가능성에 대해 논의가 되지 않고 피하거나 넘어야할 주어진 환경으로서 다루어진다.[40]

로봇공학은 인지과학 및 인공지능과 연합해서 섬뜩한 계곡을 미학적 매개로 유지하며 '계곡 건너 계곡'으로 이어지는 모험을 계속하고 있다. 그러나 이러한 모험으로 생산된 새로운 버전의 섬뜩한 계곡은 게임, 영화, 애니메이션 산업까지 이동하지는 못하고 있다. 모리가 제시한 최초의 섬뜩한 계곡의 버전이 3D 캐릭터의 제작 기준으로서 블랙박스의 역할을 하고 있음을 알 수 있다.

6. 나가며

계곡 건너 계곡으로 이어지던 섬뜩한 계곡의 변형은 이제 계곡 자체가 없을 수 있다고 하는 새로운 제안에 이르렀고, '섬뜩한 계곡은 있는가, 없는가'에 대한 논쟁으로 나아가고 있다. 섬뜩한 계곡의 유혹에 이끌려 계곡을 건너보려는 연구자들, 섬뜩한 계곡의 존재를 무시하는 연구자들, 섬뜩한 계곡에 접근하지 않으려는 연구자들이 뒤엉키고 있다. 그 뒤엉킴 자체가 섬뜩한 계곡을 매개해서 사람처럼 되어가는 안드로이드의 존재방식을 새롭게 하고 있다.

필자가 주목해 온 것은 섬뜩한 계곡이 미적 매개로서 2000년대 이후 약 15년 간 일본 안드로이드 개발에 지향점이 되어 왔다는 점이었다. 그리고 사람이 안드로이드에게 왜 섬뜩함을 느끼는지에 대한 심리학, 인지과학적 실험은 여전히 안드로이드를 실험 장치로 해서 진행되고 있다. 중요한 것은 미적 매개를 통해서 이 모든 이야기, 그래프, 안드로이드들, 로봇들, 로봇공학자, 인지과학자, 심리학자가 새로운 지형의 섬뜩한 계곡을 그리는데 참여해 왔다는 것이다. 그 과정에서 일본의 안드로이드는 로

---

39) Fethi Kaba, "Hyper-Realistic Characters and the Existence of the Uncanny Valley in Animation Films," International Review of Social Sciences and Humanities 4(2), 2013, pp.188-195.

40) Tom Geller, "Overcoming the uncanny valley," IEEE Computer Graphics and Applications, 28(4), 2008. pp.11-17.

Chapter 06 오늘날 세계관・인간관과 다른 문화와의 관계 **145**

봇공학의 공작실에서 나와 섬뜩한 계곡을 검증하는 실험실에서 실험 장치가 되었다. 나아가, 사람의 인지와 발달을 연구하는 인지과학과 심리학 실험실로도 옮겨가고 있다. 그 결과 일본의 안드로이드는 실험 장치의 자격으로 전 세계의 실험실과 전시장으로 여행하고 있다. 그리고 안드로이드를 실험 장치로 활용해서 작성된 수 백 편의 논문들이 인지과학, 인공지능, 심리학, 로봇공학의 학술지로 출판되고 있다. 이 모든 일들, 이 모든 이야기들, 이 모든 참여자들을 안드로이드의 모험으로 모이도록 강력한 유혹을 발휘한 것은 섬뜩한 계곡이라고 하는 미적 매개이다.

안드로이드가 인지과학의 실험실에서 장치로 활약하면서 안드로이드는 결국 '인간이란 무엇인가'라고 하는 문제와 불가분의 관계에 놓이게 된다. 비인지와 탈인지를 통해서 다량의 느낌들이 개념, 기억, 의식에서 벗어나서 부유하고 있다. 안드로이드는 우리 인간이 인지하지 못한 감각과 감응을 보이고 듣고 계산하고 예측할 수 있는 수치와 기호로 만드는 데 중요한 장치로 활용되고 있는 것이다. 인간에 대한 새로운 이해와 안드로이드의 '사람처럼 되기'의 과정은 이렇게 서로 연계되어 있다. 앞으로 사람이 안드로이드에게 섬뜩함을 느끼지 않고 자연스럽게 일상을 살아가는 날이 온다면, 이미 사람들은 자신이 지각하지 못하는 순간 안드로이드와 다량의 감각 데이터를 주고받으면서 상호 감응하고 있을 것이다. 그러한 사회에서는 인간의 존재 방식과 안드로이드의 존재 방식이 공동 생산된다. 이미 안드로이드와 인간은 하나의 사회를 구성하고 있을 것이다. 그러한 사회에 인간의 조건은 안드로이드의 조건이었던 섬뜩한 계곡과 마찬가지로 여러 번 달리 그려질 수 있다. 인지과학과 심리학 실험실에서 이미 안드로이드는 인간의 조건을 달리하는 작업에 참여하고 있다.

이로써 안드로이드의 '사람 같이 되기'의 의미를 다음과 같이 세 항목으로 정리해 볼 수 있다.

첫째, 안드로이드는 사람과 '비슷한' 생김새와 몸짓을 지닌 로봇이 되고 있다.

둘째, 안드로이드는 장치가 되어서 사람과 '함께' 인간의 조건에 대한 지식을 구성하는 데 참여하고 있다.

셋째, 안드로이드는 사람과 비슷해지고 사람과 함께 인간의 조건을 구성함으로써 사람과 '동등한' 존재가 될 수도 있다.

참고문헌

김효은(2017), 「도덕성 튜링테스트는 가능한가-인공지능로봇 행동의 윤리성 기준」, 『2017년 범한철학회 정기학술대회 초록집(제목: 4차 산업혁명과 인간정체성)』, 57-82쪽.

안재구(1991), 『철학의 세계 과학의 세계』, 서울: 한울.

이강원(2017), 「섬뜩한 계곡」, 『2017년 한국과학철학회 정기학술대회 초록집(제목: 알파고 이후 인공지능의 과학철학적 쟁점들)』, 195-212쪽.

정광수(2001), 「인간개체복제에 대한 윤리적 검토」, 『과학철학』8권, 73-94쪽.

_____(2011), 「과학적 세계관과 인간관」, 『범한철학』60집(봄), 167-184쪽.

_____(2013), 『과학기술철학연구』, 파주: 한국학술정보(주), 이담 Books.

_____(2014), 『과학적 실재론』, 파주: 한국학술정보(주), 이담 Books.

_____(2015), 『모던 과학철학과 포스트모던 과학철학』, 파주: 한국학술정보(주).

정광수 외(2001), 『과학학 개론』, 전주: 신아출판사.

_____(2010), 『과학기술과 문화예술』, 파주: 한국학술정보(주).

천현득(2016), 「포스트휴먼 시대의 인간 본성」, 『철학』126집, 157-182쪽.

_____(2017), 「인공 지능에서 인공 감정으로」, 『철학』131집, 217-243쪽.

하두봉(1988), 「생명과학의 발달과 전통 윤리관의 동요」, 『현대과학과 윤리』, 서울: 민음사, 41-88쪽.

2017년 한국과학기술학회 정기학술대회 초록집(제목: 4차 산업혁명과 과학기술학).

http://dic.daum.net/word/view.do?wordid=kkw000292637&supid=kkkw000373111

가톨릭사전-형이상학 1. 어의

다음 국어사전-형이상학

http://imnews.imbc.com/index_pc.html

MBC 뉴스데스크 보도(2017.7.1)

Hempel, C. G.(1966), *Philosophy of Natural Science,* Englewood Cliffs, New Jersey: Prentice-Hall, Inc., (곽강제 역(1996), 『자연과학철학』, 박영사 (서울)).

Hull, D.(1974), *Philosophy of Biological Science,* Englewood Cliffs, New Jersey: Prentice-Hall, Inc., (하두봉·구혜영 역, 『생명과학철학』, 민음사(서울)).

Newton, I(1729), *Newton's Mathematical Principles of Natural Philosophy and His System of the World,* trans. A. Motto, rev. f. Cajori, 2 vols. (Berkeley, Calif.: University of California Press, 1962).

Reichenbach, H.(1951), *The Rise of Scientific Philosophy, California University Press,* (김회빈 역(1994), 『과학의 발전과 함께 새로운 철학이 열리다』, 새길(서울)).

정광수

현) 전북대학교 자연과학대학 과학학과 교수
교육과학기술부 과학문화연구센터(SCRC) 통합센터장
전북대학교 STS 미래사업단장
한국과학철학회 편집인

『과학기술윤리연구』(2017)
『모던 과학철학과 포스트모던 과학철학』(2015)
『과학적 실재론』(2014)
『과학기술철학연구』(2013)
『과학기술과 문화예술』(2010), 2011년 대한민국학술원 선정 우수학술도서
『한국의 과학문화』(2003)
『과학학 개론』(2001)
「과학적 세계관과 인간관」(2011)
「과학과 예술의 공약가능성과 한계」(2009)
「해킹에 대한 윤리적 검토」(2007)
「첨단 정보기술사회의 프라이버시 문제」(2005)

과학기술과
4차 산업혁명에
걸맞은
세계관·인간관

초판인쇄　2017년 9월 29일
초판발행　2017년 9월 29일

지은이　정광수
펴낸이　채종준
펴낸곳　한국학술정보㈜
주소　경기도 파주시 회동길 230(문발동)
전화　031) 908-3181(대표)
팩스　031) 908-3189
홈페이지　http://ebook.kstudy.com
전자우편　출판사업부　publish@kstudy.com
등록　제일산-115호(2000. 6. 19)

ISBN　978-89-268-8148-4　93190